网络嵌入视角下中国制造业企业高质量发展研究

逯苗苗　宿玉海　著

中国财经出版传媒集团
经济科学出版社
Economic Science Press

图书在版编目（CIP）数据

网络嵌入视角下中国制造业企业高质量发展研究/逯苗苗，宿玉海著．—北京：经济科学出版社，2021.6

ISBN 978－7－5218－2632－6

Ⅰ.①网…　Ⅱ.①逯…②宿…　Ⅲ.①制造工业－企业发展－研究－中国　Ⅳ.①F426.4

中国版本图书馆 CIP 数据核字（2021）第 120296 号

责任编辑：于海汛　姜思伊
责任校对：刘　娅
责任印制：范　艳　张佳裕

网络嵌入视角下中国制造业企业高质量发展研究
逯苗苗　宿玉海　著
经济科学出版社出版、发行　新华书店经销
社址：北京市海淀区阜成路甲 28 号　邮编：100142
总编部电话：010－88191217　发行部电话：010－88191522
网址：www.esp.com.cn
电子邮箱：esp@esp.com.cn
天猫网店：经济科学出版社旗舰店
网址：http://jjkxcbs.tmall.com
北京时捷印刷有限公司印装
710×1000　16 开　15.75 印张　230000 字
2021 年 6 月第 1 版　2021 年 6 月第 1 次印刷
ISBN 978－7－5218－2632－6　定价：63.00 元
（图书出现印装问题，本社负责调换。电话：010－88191510）

前　言

习近平总书记在中国共产党第十九次全国代表大会所作的《决胜全面建成小康社会，夺取新时代中国特色社会主义伟大胜利》的报告中指出："我国经济已由高速增长阶段转向高质量发展阶段，正处在转变发展方式、优化经济结构、转换增长动力的攻关期，建设现代化经济体系是跨越关口的迫切要求和我国发展的战略目标。"由此学界与理论界已经就此重大判断达成了共识，中国经济已经走过了高速增长的阶段，步入了高质量发展的阶段。经济高质量发展是我国保持经济良好运行所必须经历的阶段，是有利于我国从经济大国向经济强国转变的一个发展过程。作为经济社会的微观基础，企业的高质量发展是经济高质量发展的基础和实现形式，企业高质量发展是我国经济高质量发展的根本基石。

社会中的经济人具有社会属性，其行为决策不能保持完全的独立，会受到社会网络中其他经济人行为决策的影响，同样，经济组织也具有社会属性，企业作为经济社会中生产与经营的基本单位，其相互之间也存在着各种关联，企业的行为决策也受到其所嵌入网络的影响。企业网络嵌入不仅可以增强企业之间的资源获取能力、信息共享性，还可以强化企业间的信任和互惠基础。那么，企业通过什么样的网络相互嵌入？其嵌入现状是怎样的？网络嵌入后企业的行为又将如何影响其发展质量？

为了回答以上问题，本书从网络嵌入视角，考察了网络嵌入对企业高质量发展的影响。首先，梳理了现有文献的发展脉络，为本书的研究提供相关的理论支持、论证研究的价值；其次，利用透明度较高的上市公司数据，建立以企业的连锁董事网络、交叉持股网络和担保网络为基础的网络结构图谱，使用社会网络分析方法，对企业网络嵌入现状进行分析；再次，综合运用经济学分析方法与社会网络分析方法，利用制造业上市公司数据考察企业网络嵌入对企业高质量发展的影响；最后，得出结论并提出相应的政策建议。本书将企业之间以连锁董事关系为代表的人际关系、以交叉持股关系为代表的利益关系以及以相互担保关系为代表的信用关系纳入统一的分析框架，从人、股、资金三个维度对制造业上市公司网络进行了较为全面的分析。此外，本书论证了全要素生产率、企业组织韧性与企业社会责任三个方面作为企业高质量发展指标的适用性，对制造业上市公司高质量发展进行了较为全面的分析。

通过对上市公司网络嵌入的整理与计算，本书发现连锁董事网络的整体密度自2003年以来出现逐年上升趋势，上市公司之间通过董事的交叉任职产生了越来越紧密的连接，计算机、通信和其他电子设备制造业这一细分行业内拥有连锁董事的公司最多；交叉持股网络整体参与度在2014年达到顶峰后逐渐减弱，网络连接呈现密集化态势；担保网络的整体密度则从2003年开始就有逐渐减弱的趋势，到2018年仅有9家上市公司处于担保网络中。我国上市公司网络嵌入的现象普遍存在，企业网络嵌入在不同维度有不同的发展趋势。

全要素生产率方面，连锁董事网络对于其提升具有显著促进作用，在连锁董事网络中占据中心位置的企业能够增强自身的资源配置能力，这对企业自身高质量发展具有重要意义。外部连锁董事网络对促进企业全要素生产率提升的作用更大，并且债务成本在两者关系中起到中介作用，在交叉持股网络中占据中心位置的企业具有更高的全要素生产率。当上市公司处于交叉持股网络桥梁位置时，企业的全要素生产率会有所提高。上市公司越偏离交叉持股网络结构洞位置，公司的资源配置表现越差，大股东掏空弱化了交叉持股网络的正向作用，并且交叉持股网络结构受到CEO金融背景的影响，加入担保网络中的上市公司会有更低的全要素生产率，非国有企业受到的负面影响更大，担保网络还减弱了上市公司创新投入的积极性，进一步减弱了企业的资源配置效率，控股股东股权质押行为降低了上市公司的全要素生产率。而且控股股东对公司的影响力越强，这一现象越明显，即在具有“一股独大”现象的上市公司中，控股股东的话语权更大，其个人行为对公司行为的影响更为严重。

组织韧性方面，连锁董事网络优势位置增加了企业的组织韧性，制造业上市公司可以通过合理构建其连锁董事关联，增强其自身抵御风险以及走出危机的能力，外部连锁董事网络对组织韧性具有更强的促进作用。在连锁董事网络中的优势位置缓解了公司的融资约束，进一步增加了公司的组织韧性。在交叉持股网络中，被持股公司在交叉持股网络中占据中心位置会导致其组织韧性减弱，而因持有其他上市公司的股票，占据交叉持股网络中心位置则是显著增强了企业的组织韧性。金融化水平对交叉持股网络与组织韧性之间的关系具有反向调节效应，担保网络对企业组织韧性的影响不显著。

在企业社会责任方面，在连锁董事网络中占据中心位置的企业具有更高的社会责任评级。当上市公司处于连锁董事网络的优势位置，上市公司能够通过连锁董事网络更好地连接到其他上市公司，获得更多的信息与资源，从而更多地承担社会责任。由于承担社会责任具有较强的外部性，企业社会责任承担对内部董事的声誉影响较大，因此内部董事网络的影响更大。另外，如果董事长存在政治背景，则连锁董事网络对企业社会责任评级指数的影响减弱。当公司更容易通过交叉持股网络连接到其他上市公司时，其社会责任的承担意愿更高，企业社会责任评级更高。行业竞争变量对交叉持股网络与企业社会责任评级之间的关系起到负向调节作用。

网络的形成往往不是最优的，在形成网络时，人们没有把网络嵌入关系带来的影响都纳入行为决策中，因此，从网络视角去改善企业关系，有助于企业提升自身的发展质量，我国社会也会增强整体的经济实力，获得高质量的发展。本书的研究有助于制造业上市公司清晰地认识到网络关系对自身发展的作用，也有助于政策制定者从宏观层面把握企业网络关系动向，动态调整相关政策措施。从全要素生产率、企业组织韧性与企业社会责任三个方面对企业高质量发展进行考察，体现了新时代的新发展理念，这能够更好地反映出企业高质量发展的逻辑框架，无论是从制造业上市公司自身发展角度，还是从政府监管角度而言都提供了有益借鉴。

目　录

第1章 绪　　论

1.1 问题的提出

习近平总书记在中国共产党第十九次全国代表大会所作的《决胜全面建成小康社会，夺取新时代中国特色社会主义伟大胜利》报告中指出："我国经济已由高速增长阶段转向高质量发展阶段，正处在转变发展方式、优化经济结构、转换增长动力的攻关期，建设现代化经济体系是跨越关口的迫切要求和我国发展的战略目标。"由此学界与理论界已经就此重大判断达成共识，中国经济已经由高速增长的阶段转化为高质量发展的阶段。为了有利于我国从经济大国向经济强国的转变，必定经过经济高质量发展的阶段并必须保证该阶段的平稳。经济高质量发展将成为我国未来一定时期内应该保持的发展模式，因此，如何测度经济发展质量以及如何促进经济高质量发展成为学术界与理论界探讨的热点话题。

企业作为经济社会运行的微观基础，只有保证了企业的高质量发展才能保证经济的高质量发展，企业的高质量发展是我国经济高质量发展的必要条件（黄速建等，2018）。在微观层面上的研究我国企业的发展质量及衡量其影响因素等问题，可以指引我国经济社会整体高质量发展的方向和路径。企业是经济的重要参与者，企业的运行和发展对经济的运行有着重要的影响，所以企业的高质量发展对经济的高质量发展也有着重要的影响。即使如此，现有文献多集中于全国或者区域高质量发展的研究（金碚，2018；任保平和文丰安，2018），对企业高质量发展的研究相对较少，且研究指标不统一、内容零散，从而系统性地探究我国企业高质量发展问题成为一个重要的研究议题。因此，本书将研究方向集中于探究企业高质量发展问题，但企业高质量发展的影响因素众多，新兴科技的作用举足轻重，本书主要关注人文社科方面有哪些因素影响了企业的高质量发展。

社会中的经济人是在社会网络的互动中作出决定的，人们的行为决策不能保持完全的独立，而是会受到社会网络中其他经济人行为决策的影响（Granovetter，1985）。人类从根本上来说是一个社会物种，其相互作用模式决定了他们的行为，所以在建立人类行为模型时，不能忽视其社会属性（Jackson，2019）。费孝通（1998）研究中国传统社会关系时提出，中国的乡土社会不同于西方国家的“团体格局”，特点在于人与人之间的关系是一种以血缘、亲缘关系为主轴的网络关系，他把这种关系称之为“差序格局”。周建国（2010）发现，中国的人际交往已经不同于传统的以差序格局为代表的“关系信任”，而是逐步地形成以“同事、同行和‘朋友的朋友’”为纽带的“关系认同”。

经济人具有社会属性，在我国这一现象显著存在。同样，经济组织也具有社会属性，企业作为经济社会中生产与经营的基本单位，其相互之间也存在着各种关联，企业的行为决策也受到其所嵌入网络的影响。企业网络嵌入不仅可以增强企业之间的资源获取能力、信息共享性，还可以强化企业间的信任和互惠基础（Allen & Burt，1985；Chuluun et al.，2010；Kim，2014；Zaheer & Soda，2014）。在对企业这类微观个体进行分析时，如果忽视了企业网络嵌入的影响，可能会导致实证分析不全面、遗漏影响企业行为与其经济后果的相关变量等问题，所以将企业的网络嵌入分析就很有必要性（Granovetter，1985；Jackson，2019）。可以把企业网络嵌入关系划分为影响企业发展、具有社会属性的“软科学”，以便同自然科学属性的“硬科学”区分开来。

尽管一提到企业的高质量发展，人们首先想到的可能是加大研发力度、增强科技创新等对策，但仅仅通过改善科技、创新、研发、资本等这类“硬约束”，忽视企业之间的嵌入关系这类“软约束”，将会导致“高质量发展”仅停留于表面，而没有一个适宜的制度机制使其更好地深入与渗透，因此，从人文社科方面、从经济组织的社会属性角度而言，考察企业网络嵌入对企业高质量发展的影响就显得很有必要了。为了探究以上问题，本书试图从多个方面进行推进，首先，对企业高质量发展指标进行筛选，找出适宜的衡量指标；其次，分析企业间的嵌入关系，构建企业之间的关联关系网络，研究企业网络嵌入关系的现状；最后，将两方面进行整合，考察网络嵌入对企业高质量发展的影响，并对其中的作用机理进行进一步分析。

发展的理念在新的时代有了新的内涵，关注创新、协调、绿色、开放和共享，与之相对，企业高质量发展的衡量标准也应该与此新理念相适应。习近平总书记在 2018 年 4 月 2 日下午主持召开的中央财经委员会第一次会议中指出，打好防范化解金融风险攻坚战，要稳定大局，推动高质量发展，提高全要素生产率，在改革发展中解决问题。[①] 全要素生产率可以以直接的形式表现企业投入产出的效率，当一个企业为了获得更多的利润，采取了提高自身生产率的形式，而不是通过增加要素的投入时，企业的发展质量将得到进一步的提升，因此，全要素生产率是衡量企业高质量发展的重要指标。

2019 年，习近平总书记在二十国集团领导人峰会上关于世界经济形势和贸易问题的发言以“携手共进，合力打造高质量世界经济”为题，在发言中他指出世界经济已经进入新旧动能转换期，各国应该提升经济运行效率和韧性，努力实现高质量发展。[②] 每个企业面临危机时，都有一定的抵御、应对危机以及恢复的能力，不同企业的这种能力也存在差异，本书用“组织韧性”这个概念来衡量企业的这种能力。当经济处于上行周期时，一个高质量发展的企业可以提高发展

① 中华人民共和国中央政府．习近平主持召开中央财经委员会第一次会议．2018 - 04 - 02. http：//www. gov. cn/xinwen/2018 - 04/02/content_5279304. htm.

② 央广网．携手共进，合力打造高质量世界经济——习近平在二十国集团领导人峰会上关于世界经济形势和贸易问题的发言．2019 - 06 - 28. http：//news. cnr. cn/native/gd/20190628/t20190628_524667597. shtml.

的质量和效益，当经济处于下行周期时，一个高质量发展的企业也要有足够的恢复力，能够创造出新的发展路径（逯苗苗和孙涛，2018）。企业作为经济体的基本组成单元，企业组织韧性是整体经济韧性的微观基础。因此，以企业组织韧性为企业高质量发展的衡量目标，有利于与各国合力打造高质量世界经济。

尽管企业创新也是企业高质量发展的重要推动力（陈昌兵，2018；金碚，2018），但企业创新是企业高质量发展的中间性指标，即企业高质量发展是结果，企业创新是过程，企业创新的成效可以通过全要素生产率的升高、企业韧性的增强来体现，所以本书不再将企业创新作为结果性指标来衡量，而是将其归入高质量发展过程性指标的分析。

本书从企业全要素生产率、企业组织韧性和企业社会责任三个方面对企业发展质量进行衡量，这三个方面分别从企业的高效发展、稳定发展与社会福利角度展现了企业的经营与发展状况，其中，稳定发展是高效发展的前提，也是增加整体社会福利的基础，而高效发展是企业可持续发展的必要条件，是企业增加整体社会福利的动力源泉，社会福利的增加反过来也会促进企业的稳定发展与高效发展。因此，这三个方面相辅相成，能够较好地刻画企业的发展质量。

企业网络关系主要包括以连锁董事关系为代表的人际关系、以交叉持股关系为代表的利益关系、以相互担保关系为代表的信用关系以及以企业间的供应链关系为代表的交易关系等。这些关系错综复杂，将企业关系网罗在关系网络中。运用社会网络分析方法，可以将企业间的网络嵌入关系厘清，综合分析网络关系的现状，以及量化网络关系。通过运用社会网络分析方法，本书构造了我国上市公司的连锁董事网络、交叉持股网络以及担保网络三种形式的企业嵌入网络关系，从多维度考察企业网络嵌入对其发展质量的影响，并对其中的作用机制进行分析。

1.2　研究思路与研究框架

为了研究企业网络嵌入对其高质量发展的影响，本书的研究主要分为以下几个方面：

（1）文献回顾。梳理现有文献的发展脉络，包括研究企业网络嵌入的文献、社会网络分析方法文献以及企业高质量发展问题研究的相关文献，为供本书研究提供所需要的相关理论支持，论证本书研究的价值。

（2）企业网络嵌入现状分析。利用上市公司数据，建立以企业的连锁董事网络、交叉持股网络和担保网络为基础的网络结构图谱，从企业网络嵌入发展过程、企业网络嵌入结构现状、企业网络嵌入的行业差异等方面分别进行分析。

（3）探究企业网络嵌入对企业全要素生产率的影响。运用社会网络分析、回归分析等方法，在我国制造业上市公司网络嵌入数据的基础上，考察不同的企业网络嵌入形式对企业全要素生产率的影响，并对其作用机理进行分析。

（4）探究企业网络嵌入对企业组织韧性的影响。运用社会网络分析、回归分析等方法，在我国制造业上市公司网络嵌入数据的基础上，考察不同的企业网络嵌入形式对企业组织韧性的影响，并对其作用机理进行分析。

（5）探究企业网络嵌入对企业社会责任的影响。运用社会网络分析、回归分析等方法，在我国制造业上市公司网络嵌入数据的基础上，考察不同的企业网络嵌入形式对企业社会责任的影响，并对其作用机理进行分析。

（6）对供应网络关系进行初探，考察企业信用议价能力对企业绩效的影响。运用社会网络分析、回归分析等方法，运用在我国制造业上市公司供应链金融数据的基础上，考察供应商的信用议价能力对企业绩效的影响，并对其作用机理进行分析。

（7）得出结论并提出相应的政策建议。

1.3 研究方法与研究意义

本书主要采用社会网络分析方法与实证分析方法进行研究。社会网络分析方法本质是运用图论等定量分析的方法，来研究网络关系的问题。这种方法可以起到一个桥梁的作用，不仅是在个体之间的关系以及“微观”网络之间架起桥梁，也是在“微观”网络与“宏观”结构之间架起桥梁。实证分析方法回答了“是什么”和“为什么”的问题，有助于对所研究问题进行深入分析，更客观地发现问题与解决问题，辅之以规范分析，能够让本书更有说服力。

本书的研究，从微观层面，有助于制造业上市公司清晰地认识到网络关系对自身发展的作用，从而了解到自身所处的网络嵌入现状，并对网络嵌入关系进行战略性调整。本书的研究，从宏观层面，有助于政策制定者从宏观层面把握企业网络关系动向，动态调整相关政策措施，让网络嵌入关系向有利于企业高质量发展的方向转变。从全要素生产率、企业组织韧性与企业社会责任三个方面对企业高质量发展进行考察，体现了新时代的新发展理念，能够更好地反映出企业高质量发展的逻辑框架，无论是从制造业上市公司自身发展角度，还是从政府监管角度都提供了有益借鉴。

1.4 创新点与不足之处

本书的创新点与特色如下：

（1）本书从网络嵌入视角考察制造业上市公司的高质量发展问题，综合运用经济学分析方法与社会网络分析方法，研究企业网络嵌入这一“软科学”对制造业上市公司高质量发展的作用，并对其中的作用机理进行分析。这有助于制造业上市公司清晰地认识到网络关系对自身发展的作用，也有助于政策制定者从宏观层面把握企业网络关系动向，动态调整相关政策措施。

（2）本书将企业之间以连锁董事关系为代表的人际关系、以交叉持股关系为代表的利益关系以及以相互担保关系为代表的信用关系纳入统一的分析框架，从不同维度对制造业上市公司网络嵌入进行了较为全面的分析。进一步地，本书将连锁董事网络关系进行了细分，区别了内部董事网络和外部董事网络，增强了研究的细致性；本书将交叉持股网络作为有向网络进行研究，区分了持股企业和被持股企业，增强了研究的严谨性；本书将担保网络也进行了异质性分析，分别考察了担保网络对担保企业和被担保企业的不同影响，增强了研究的全面性。

（3）本书对制造业上市公司高质量发展进行了较为全面的分析，从全要素生产率、企业组织韧性与企业社会责任三个方面对企业高质量发展进行考察，这三个方面相互区分又相互统一，体现了新时代的新发展理念，能够更好地反映出企业高质量发展的逻辑框架。

本书的局限与不足如下：

（1）限于数据收集、网络构建等问题，本书的实证研究仅包含了上市公司，尽管上市公司是我国所有企业的主要代表，但上市公司的规模、体量相对较大，本书结论可能不适用于推广至小微企业的分析。在未来大数据技术逐渐完备、信息不对称性减弱的情况下，将进一步研究小微企业网络嵌入的形成与影响。

（2）由于上市公司没有提供完备的供应链信息，即没有办法获得企业的供应商与客户名称，因此没有办法建立明晰的供应链网络，本书也就没有将供应链网络纳入分析框架，但为了弥补这一缺憾，本书采用供应链金融数据对企业经济后果进行了分析。

（3）本书的内容方面也有不足，主要表现为对上市公司不同嵌入关系网络之间的逻辑关系分析不足，在研究企业高质量发展问题时，主要关注微观层面，没有从更宏观的层面进行分析。本书研究的内生性问题处理也不够完善，本书采用滞后项回归，以及工具变量法对这一问题进行解决，但仍存在改进空间。

第 2 章 国内外相关研究现状及评述

2.1 企业网络嵌入

格兰诺维特（Granovetter，1973）在研究社会网络问题时，将不同组织或者个体之间的因为交流或者接触所形成的关系称为连接，他指出，社会中的经济人，是在社会网络的互动中做出决定的（Granovetter，1985）。人类从根本上来说是一个社会物种，其相互作用模式决定了他们的行为，所以在努力建立更好的人类行为模型时，经济学家不能忽视这一社会性（Jackson，2019）。费孝通（1998）在解析中国传统社会关系时指出，中国乡土社会中的人与人之间的关系与西方国家不同，前者更多是一种以血缘、亲缘关系为主轴的网络关系，而后者更多是一种“团体格局”，费孝通先生把这种情况叫作“差序格局”。对此，他做出了形象的阐述：“差序格局中的每个人，以自身为中心构成一个个的网络，如同把一块块石头扔进湖水中，个人类比为石头、社会类比为湖水，以石头为中心点，向四周扩散出一圈圈的波纹，而波纹的远近可以类比为社会关系的亲疏。”

我国社会是一个“关系社会”（周飞舟，2018），每个个体错落分布于不同的关系网络内，编织成无数个或有形或无形的网。经济人具有社会属性，在我国这一现象显著存在。同样，经济组织也具有社会属性，企业作为经济社会中生产与经营的基本单位，其相互之间也存在着各种关联，企业的行为决策也受到其所嵌入网络的影响。除了企业内部组织网络架构外，企业为了寻求利益，也会与其他企业之间产生关联，比如说交易关系（以企业间的供应链关系为代表）、人际关系（以连锁董事关系为代表）、利益关系（以交叉持股关系为代表）和信用关系（以相互担保关系为代表）等。企业正是由这些庞杂而又有序运转的关系网络所构成的。在关系网络之中，企业网络嵌入不仅可以增强企业之间的资源获取能力、信息共享性，还可以强化企业间的信任和互惠基础（Allen & Burt，1985；Chuluun et al.，2010；Kim，2014；Zaheer & Soda，2014；沙浩伟和曾勇，2014；刘海明和曹廷求，2017；王营和张光利，2018）。可以把企业网络嵌入关系划分为影响企业发展、具有社会属性的"软科学"，以便同自然科学属性的"硬科学"区分开来。

社会网络分析方法（social network analysis）可以揭示关系的结构，这种揭示是通过对关系进行量化表征的，是对一个或多个关系连接的一组社会相关节点的分析（Wasserman & Faust，1994）。网络在这种方法中，首先作为一种工具被用作量化分析，力求厘清网络节点之间和网络节点与整体环境之间的关系，另外关系本身也可以作为研究的对象，此时网络就被当作了由节点之间的关系所构成的社会结构。它基于一个关于交互节点之间的关系重要性的假设。节点可以是个人、组织或工作场所，但基本上任何可以连接到其他单元的单元都可以归类为节点，本书将研究视角集中于以公司为节点的网络。根据社会网络的分析，节点的中心性一定程度上是由该节点与其他节点的连接数量决定的，所以关系良好的公司在此网络中就获得了优势，处于非常重要的地位。一个占据中心位置的公司能够积累大量的权利和影响力，从而增加其价值。利用社会网络分析方法研究企业的网络嵌入，而不是把企业作为独立个体进行分析，可以更有效的对企业关系进行剖析。

蔡（Tsai，2001）通过问卷调查指出从组织学习的网络角度出发，如果组织单位占据了中心网络位置，从而获得其他单位开发的新知识，那么它们可以产生更多的创新，并获得更好的绩效。然而，这种效应取决于单位的吸收能力，或成功复制新知识的能力。通过研究石化公司24个业务部门和食品公司36个业务部门的数据得出结论，吸收能力与网络地位之间的相互作用可以显著地影响业务部门的创新和绩效。扎赫尔和贝尔（Zaheer & Bell，2005）进一步指出，当某公司在网络结构中处于较好的结构位置时，可以对其绩效有正向的促进作用。另外，企业在社会网络中的位置影响企业获取资源和信息的能力。企业占据结构洞位置的数量与其对资源和信息的控制力正相关。利用社会网络分析方法研究企业的网络嵌入，而不是把企业作为独立个体进行分析，这可以更有效的对企业关系进行剖析。

2.1.1 连锁董事网络

连锁董事在我国是一种相当普遍的现象，指的是同一个董事，在两家或者两家以上的企业兼任职务（任兵等，2011）。企业中的董事按其是否为执行董事大致可以分为两类，执行董事即内部董事，非执行董事即外部董事。内部董事多数是公司的管理人员也是公司的内部成员，因为工作原因有较多接触，所以内部董事相互之间的联系比较密切。外部董事一般意义上是指公司的独立董事，这类董事一般是拥有专业技能的其他行业的从业人员，这类董事包括但是不限于职业律师、高校教师、注册会计师或者是其他企业的管理人员。由于在公司上市标准中，明确要求独立董事人数要在董事会中占一定的比例，公司也会对董事性质作出明确区分，因此在研究上市公司问题时，可以将独立董事作为外部董事，而其余董事作为内部董事。外部董事参与公司事务的时间较短，相互之间的工作交集也不多，因此，外部董事更有可能带来具有异质性的信息，这些信息不是源于他们所共同任职的企业，而是他们的其他任职单位。

内部董事和外部董事之间存在较大的差异性。基于独立董事任职关系形成的董事连接是一种弱连接，弱连接可以充当“信息桥”的作用（Granovetter，1973），法马和詹森（Fama & Jensen，1983）认为独立董事的治理主要依托于声誉机制假说（reputation hypothesis）。而基于内部董事关系形成的连接，更像是一种强连接，因为由于内部董事参与公司事务的研究较多，内部董事之间的信息同质性很强，内部董事相互之间的联系也较为紧密。

学者们对连锁董事网络形成的原因进行了较为深入的探讨，现有研究认为连锁董事网络形成的原因主要有以下几个方面：资源依赖理论（Allen & Burt，1985）；共谋理论（Mizruchi，1996）、控制理论（Eisenbeis & Mccall，1978；Keister，1998）。资源依赖理论认为，连锁董事可以作为企业相互协调、互利共赢的桥梁，一些企业可以通过连锁董事建立关联、获得资源进而降低生产成本、交易成本。共谋理论认为多个企业通过连锁董事关系达到利益共谋的目的，减弱了产品之间的竞争，获得了更多的超额利润。控制理论可以分为金融控制理论和管理控制理论两种，金融控制理论认为连锁董事可以成为企业获得金融资金的重要机制，管理控制理论则认为连锁董事是由于管理层维护自身利益的需要而建立的一种管理机制。

关于连锁董事网络对企业的经济行为与后果影响的研究也很多，其中以肖尔曼等（Schoorman et al.，1981）的研究最为全面，他们认为连锁董事网络为公司带来四个好处。第一，企业可以获得有关定价、广告和研发的信息；第二，企业可以减少其投入和产出的不确定性来源；第三，在外部董事会任职的董事，会带来额外获取的经验和技能；第四，董事在外部董事会中任职，本身就是一种外部对管理质量认可的标志。学者们对于这一结论又进行了一系列的探讨。

连锁董事可以增强企业之间的信息沟通能力。董事会的职责是将其就职的组织与外部的环境连接起来，并且获得诸如资本和信息等关键资源的使用权，这样可以减少不确定性（Pfeffe & Salancik，2003）。多家公司之间的多个连锁董事网络关系也就形成了相互交织的董事网络，网络内的董事可以更方便地进行交流与沟通。了解错综复杂的董事网络结构就可以更清晰地了解公司间的关系结构，董事会之间的兼任关系为所在公司提供了信息交流的平台，连锁董事可以将从任职的一家公司学到的知识以及获得的信息用于或者传递给另一家公司。董事社会关系的存在，可能会加强两个公司的关系，这种关系的加强可能会有利于双方的交换行为（Mizruchi，1996）。

连锁董事对于降低企业在交易过程中的不对称性有积极的影响，比如某一董事同时在该公司的供应商公司担任董事，这种双重身份能够显著的降低双方供销合约的不确定性，从而降低公司的信息成本。这种商业合约关系，是由董事之间通过独特的网络传递，能够成为商业关系和其他经济利益或政治利益的来源，从而能够提高公司的整体经营业绩（Larcker & Wang，2013）。在特殊的转型经济条件下，制度因素的不确定性相对较大，因此企业面临的情况相对更加复杂，所以此时企业不仅可以通过通常方式获取资源，更可以通过连锁董事或者连锁董事的网络获取资源，并且这种资源相对来说更加安全可靠，可以增强企业在竞争中的优势地位，有利于公司更高效准确的决策，从而提高经济效率。楚洛涅特等（Chuluun et al.，2010）的研究也表明，在董事网络关系更好的公司中，信息传输过程中可以降低信息不对称以及债券的风险。他们研究了 1994～2006 年美国标准普尔 1500 家公司 5402 个债券年的观察样本，发现关系良好的公司从较低的借贷成本中获益。韩洁等（2014）的研究发现，连锁董事有助于企业并购信息的传递，与并购企业存在连锁董事关系，增强了企业成为并购目标的可能性。

连锁董事增强了企业资源获取能力。资源依赖理论强调了独立董事获取资源的能力对公司经营绩效的影响，这些资源包括但不限于信息、资金和物质等（Wernerfelt，1984；Smith，2009）。朔恩劳和辛格（Schonlau & Singh，2009）发现，与 1991 年至 2005 年美国企业样本中关联度较低的董事会相比，关联度良好的董事会有更好的收购绩效、更高的资产回报率这和异常回报相关。李敏娜和王铁男（2014）发现独立董事网络所带来的资源优势有助于公司的成长，也使公司间的薪酬激励机制具有模仿效应。王营和曹廷求（2014）指出，公司可以通过连锁董事网络获取稀缺资源，有助于企业获取规模更大、成本更低、期限更长的债务融资。钟军委等（2017）的研究发现连锁董事作为企业的社会资本，能够有效抑制企业的非效率投资，连锁董事网络的优势位置对这一关系也有正向促进作用。

连锁董事网络还增强了公司间的相互监督，减弱了连锁董事自身的非效率行为。米祖奇和斯特恩斯（Mizurchi & Stearns，1994）认为，董事会互锁有利于公司相互监控。例如，如果金融公司与非金融公司之间存在连锁关系，则金融公司可以更好地监控非金融公司，从而降低向非金融公司提供资本的风险。"声誉假设"指出董事所兼任董事会的数量可以代表董事的声誉（Fama & Jensen，1983）。大多数外部董事也在其他公司担任董事。董事们可以利用董事会的职位来表明他们在决策方面有专长，可以向董事会提供更好的建议，这种作用，在所有权和控制权分离的情况下会进一步的强化。因此，连锁董事的数量，某种程度上与公司的价值会有正相关的关系。

当然很多研究也表明，董事之间的连锁关系对于公司业绩并不一定全是正面影响，甚至有可能会损害公司的业绩。由于连锁董事要监控多个公司，连锁减少了董事分配给每个公司的时间。因此，这些董事可能太忙，无法充分监控每个公司，也即"忙碌董事假说"（Ferris et al.，2003），拥有更多董事职位的董事更有可能被过度委任，因此缺乏足够的时间来充分监控管理，这可能会增加代理问题，从而对公司价值产生不利影响。菲奇和希夫达萨尼（Fich & Shivdasani，2006）的研究同样支持这一观点，他们定义了"忙碌董事会"，即该董事会中有超过半数的董事担任了三个或更多公司的董事。他们研究了 1989 年至 1995 年福布斯 500 家最大的公司样本，发现董事会的繁忙程度与公司的市盈率相关，即董事会越繁忙，该公司的市盈率越低，他们认为原因是繁忙的董事会并没有足够的时间去高效监管每一家公司。田高良等（2013）发现并购双方如果存在连锁董事关系，并购的绩效便会下降，尽管公司的治理质量有减弱这一效应。

存在连锁董事的企业在连锁董事网络中的位置不同，影响也就不同。这是因为相对于其他的一般董事而言，处于董事网络核心位置或者网络中心度高的独立董事，更注重其他精英对自己的评价，因而会更加努力地参与到公司治理当中。因为社会网络强度和社会网络结构位置的差异，独立董事相比管理层和其他大董事而言，其独立性的程度会表现出一定的差异。比如独立董事处于董事网络的中心位置时，他会更容易认识其他公司的董事。同时，这些董事具有很强的社会网络关系，从而能够通过更加紧密的网络密度形成更高的精英圈子团体，有利于带来更多的社会资本，比如潜在的董事席位等。

对连锁董事网络位置特征进行分析的研究也很多。朔恩劳和辛格（2009）使用社会网络分析方法“中心性”来测量1991年至2005年期间使用美国数据的董事会网络。他们认为，更多的中央董事会可以更好地通过其网络访问有价值的信息，因此在作出收购决策时，可以缓解信息不对称。他们发现，在其网络中占据更多中心位置的董事会与较低的中央董事会相比，具有更好的收购绩效、更高的资产回报率和更高的异常回报。卡什曼等（Cashman et al.，2010）认为，所处网络中心度高的董事，未来获得额外的董事席位的可能性就越大。这样就使他们对自身职业生涯的担忧更少，从而获得更高的独立性。也就是说，这种董事在面临大股东或者是管理层的压力时，相对更加不容易受到各种制约，对管理层的制衡手段更加不敏感，从而获得了更高的议价能力，在董事会进行决策时，会持有更加独立的立场。

拉克等（Larcker et al.，2012）利用社会网络分析中的“密切中心性”和“特征向量中心性”绘制了董事会网络图。他们认为，董事会网络可以通过多种方式提高公司绩效，如信息可访问性、减少信息不对称、共享联系人、良好的管理实践和共谋。他们发现，董事会成员关系良好的公司可以获得更高的风险调整后股票回报率和用资产回报率衡量的未来高增长率。他们的研究结果与“声誉假设”研究相一致，该研究认为，关系的数量可能代表董事的声誉。董事们积极提高自己的声誉，因为他们可以利用自己的董事身份向市场发出信号，表明他们擅长决策，并提供建议和监督管理。

2.1.2 交叉持股网络

企业之间的交叉持股，也是在连锁董事之外，企业形成关联的另外一种重要的形式。维尔纳等（Werner et al.，2007）认为两个企业直接相互持股（A持有B的股票，且B持有A的股票）形成了交叉持股现象，然而迪岑巴赫和捷莫尔舍夫（Dietzenbacher & Temurshoev，2008）则认为多个企业间的间接交叉持股（A 持有 B 的股票，B 持有 C 的股票）也是值得关注的交叉持股现象。本书主要针对后者进行研究，更多考虑间接交叉持股的现象。交叉持股可以使企业在某种程度上降低交易风险，实现资源整合（Gulati，1999），从而提高市场效率（Klein et al.，1978），增强契约关系的治理机制（Williamson，1979），增强管理者的管理权、抵制收购（Sheard，1994；Nyberg，1995），减少机会主义行为（Li & Zhang，2007）以及增加利润（Clayton & Jorgensen，2005）。

交叉持股使持股企业对被持股企业的监管增强，因此交叉持股对企业的正面影响可以通过避免管理层的无效率行为（Sinha，1998）、降低公司管理层的道德风险和管理机会主义体现（Gilson & Roe，1993）。例如，拉美西斯（Ramseyer，2004）指出企业间的交叉持股可以在一定程度上抑制管理人员的道德风险问题。艾伦和菲利普斯（Allen & Phillips，2000）交叉持股有利于企业的产品市场关系、缓解融资约束以及增强董事会成员的监管，因而可以提高企业的经营绩效。

交叉持股对企业并购也有影响，这种影响体现在多个方面。莫克和中村（Morck & Nakamura，1999）研究了大量的日本企业公司治理案例中的数据，发现日本企业交叉持股的最初目的，一般是为了阻止恶意收购。欧赛诺（Osano，1996）发现交叉持股会降低管理层相对短视的问题。马特沃斯和奥斯特罗夫斯基（Matvos & Ostrovsky，2008）认为交叉持股使持股方在公司并购中不会遭受财富损失。布鲁克斯等（Brooks et al.，2018）认为公司的交叉持股行为不仅会增加并购的可能性，还会影响并购的结果，即降低了交易溢价、增加了股票支付比例，减少了负回报的收购，是一项有利于公司的行为。

姜和金（Jiang & Kim，2000）以日本公司为样本的研究则表明，交叉持股是缓解日本股市信息不对称的重要制度因素。弗拉思（Flath，1996）认为持有其交易伙伴公司股票的企业，可以通过抛售其持有的股票这一方式，来减少交易公司的机会主义，从而他认为交叉持股具有监督作用。安等（Ang et al.，2002）指出日本公司所有权和治理结构的一个独特特征是公司间的交叉持股，这在一定程度上解决了信息不对称问题，尽管可能会产生一些担保成本，但在长远来看这对交叉持股公司成员是有益的。迪岑巴赫等（2000）通过分析荷兰金融业的企业，比较持股和不持股的情况发现，价格—成本利润率在伯特兰市场高达2%，在古诺市场高达8%。也就是说，采用交叉持股的方式，显著降低了持股双方的谈判成本，这种方式给企业带来了各种便利，增强了采用交叉持股方式的企业在市场上的力量，增加了企业利润率。

另外，企业在交叉持股网络中的不同位置，也对企业产生了不同的影响。古拉蒂（Gulati，1999）通过研究认为，一个企业在交叉持股网络中位置越靠近中心，就越在竞争中占有优势，可以更便捷高效的获取各方资源，更好地实现资源整合，从而提高企业的绩效。企业参与先前累积联盟网络所产生的累积网络资源对企业进入新联盟的决策具有影响。这项研究强调了网络资源的重要性，即企业从其在网络中的嵌入性中获得的资源对解释其战略行为的重要性。与此同时，人们越来越重视交叉持股网络结构对金融风险传染的影响。达什汗和加尔内（Dastkhan & Gharneh，2019）通过一个新兴市场案例利用交叉持股网络模拟了股市传染，他们发现金融网络的结构特征对冲击和金融危机的蔓延具有重要作用。研究结果还表明，对于程度和权重相同的网络，低估了受感染企业的数量，高估了损失百分比。

我国的学者也很重视交叉持股现象，进行了很多的研究。储一昀和王伟志（2001）研究了辽宁大成和广发证券的交叉持股案例，这也是我国第一起交叉持股的案例，他们发现交叉持股可以增强企业间的资源优势整合，尤其是经济资源优势。冉明东（2011）认为交叉持股是一把双刃剑，具有正效应和负效应，尽管关系型（垂直型）的交叉持股可能存在更严重的弊端，但信息透明的、具有市场化特征的持股行为（大多为水平型交叉持股）并不会给公司带来太多的风险。赵翠（2012）以我国A股上市的企业为样本，研究了交叉持股现象，总结出我国的交叉持股特点是上市公司的数量较多、持股的比例普遍不高、机构投资者特别是基金投资者中的交叉持股呈现出较为明显的行业和地域聚集性。这些特征，说明了交叉持股可以较好地抵御地区间和行业间的恶意收购，同时可以更好地发挥同地区同行业之间的各企业在人事、销售、技术和创新等方面的协同优势，同时也可以较好地稳定物价、分散经营风险，还可以较好地节约交易成本。

马丽莎等（2014）以我国上市公司的数据为样本研究了交叉持股关系对股价联动的影响。利用数据构建了交叉持股关系和股价相关系数两个矩阵，运用 QAP 的方法对它进行回归分析发现，交叉持股呈现出明显的地域效应和行业分散化，样本中公司的交叉持股网络关系与股票价格收益系数两个矩阵呈现出显著的正相关关系，也即交叉持股形成的企业连接网络导致了股价联动。沙浩伟和曾勇（2014、2016）认为交叉持股网络可能会降低企业的资源成本和信息的获取成本，他们通过实证研究，发现企业的网络中心度或结构洞的丰富程度对投资效率、经营绩效等有正向的促进作用。

马源源等（2011）的研究使用沪深两市 2000～2009 年的上市公司数据，并且按上市公司所属省份对其进行分类。用某一省的所有上市公司对另外某省的所有上市公司的投资，来反映两省之间的相互投资关系。数据研究结果表明省际的相互投资网络，可以归类为典型的稀疏型无标度网络。他们运用聚类分析和绘制网络图的方法，通过研究网络的变化趋势发现，中国的西部大开发战略和振兴东北老工业基地战略，对于缩小各省之间的贫富差距并没有发挥出很大的作用。研究发现，辽宁省是振兴东北老工业基地战略的最大受益省。这项研究通过计算分析网络中西部省份以及东北三省与其他地区之间的相互投资总额，认为西部大开发战略从 2005 年开始取得了一定的成效，从而得出结论：宏观经济政策的效果开始逐步明显起来。

宋鹏等（2019）以 2007～2015 年我国沪深 A 股中涉及交叉持股的公司为样本研究了其对企业风险承担的影响，以及最终控制人的产权性质对二者的调节作用。研究结果表明，企业在交叉持股网络中的中心度或结构洞的丰富程度与风险承担水平呈正相关关系，就最终控制人的产权性质来说，国有企业比民营企业的网络中心度或结构洞丰富程度与风险承担水平的正相关关系更加的显著。

2.1.3 担保网络

担保网络指的是企业之间由于担保关系而形成的网络。由于企业自身信用不足，从而寻求其他企业给予信用担保成为企业获得金融支持的一种常见现象。信用担保在此处社会关系与正规金融体系之间发挥了桥梁的作用。信息通过此桥梁传输，更加的便捷也更加的可信，对于解决信息不对称的问题有很好的影响，所以这种方式在融资方面也可以发挥重要的作用，缓解了企业面临的融资约束（Arnott & Stiglitz，1991）。

信用担保诞生的原因是为了解决信息不对称的问题，它是担保网络的基本构成单位。例如，通过信用担保，商业银行可以将它面临的道德风险转嫁给担保人（Merton & Bodie，1992）。相对于银行，担保人对借款人更加了解，因此就拥有了信息优势。而由于担保人负有借款人的连带责任，担保人从自身的利益出发，对借款人的资金使用等情况，会投入更多的精力和资源进行监督，这种行为对于借款人的机会主义行为，有更强的约束作用（Besanko & Thakor，1987）。而社会网络关系则确保了担保人不仅有动力而且有能力约束借款人的行为（Arnott & Stiglitz，1991）。

由于担保网络的以上共性，加之在中国当前的特殊条件下，制度环境和融资条件都有自身的特点，恰好契合担保网络的特征，因此，担保网络获得了广泛的生存空间，相比世界其他地方，在中国存在的更为普遍（尹志超和甘犁，2011；陈道富，2015）。金融发展的滞后、信息不对称和广泛存在的代理成本，使得相互担保在企业之间是广泛存在的。利用它，企业可以缓解信贷的约束，也可以一定程度上减少逆向选择和道德风险（Menkhoff et al.，2012）。在理论上，企业加入担保网络，可以缓解信贷的约束，从而获得资金，提高企业的经营绩效。另外，区别于法律保护等正式制度，担保网络作为一种非正式的制度，对前者有一定的替代性，从而在企业生存、发展和转型过程中发挥了重要的作用（盛丹和王永进，2014）。

借款人通过信用担保形成的担保网络，可以缓解融资的约束，从而提高了公司的价值。王永钦等（2014）以某座地级市的某家商业银行的台账为样本，经过细致的分析，认为信用担保网络可以在缓解企业的融资约束方面发挥重要的作用。但是，网络系统的性质决定了整个系统都具有脆弱性，那么这个组织发生系统性风险的可能性就会随着系统结构的复杂程度的提高而变得更大（Acemoglu & Ozdaglar，2013）。从 2000 年至今，上市公司的健康发展一直受到担保圈问题的困扰（马亚军和冯根福，2005）。另外根据贝斯利和科特（Besley & Coate，1995）的研究，担保网络违约给企业自身发展带来的不利影响并不会因为部分企业能够履行贷款合约而完全消除，而是也会面临严重的资金问题。这种情况下会产生大股东侵占效应或者叫掏空行为，是由控股股东利用担保网络侵占上市公司及中小股东的利益产生的，导致企业出现“担保圈”问题（Johnson et al.，2000；Jiang et al.，2010）。约翰逊等（Johnson et al.，2000）通过研究发现，大股东利用企业之间的相互担保或联合担保来进行利益输送。由于新兴经济体的法律制度不完善，这种侵占利益的重要方式更是普遍存在。

我国学者经过研究，也发现了担保网络存在的很多问题。冯根福等（2005）研究发现，上市公司具有保证担保的偏好并且具有连续性特征；担保的上市公司整体收益水平比较低，并且感知自身风险的敏感性较差；担保行为使上市公司和银行之间存在严重的道德风险和逆向选择的问题，而相互担保则使上市公司之间又存在着严重的逆向选择问题。饶育蕾等（2008）经过研究认为，上市公司对其子公司的担保显著地降低了公司的价值。万良勇和魏明海（2009）运用案例分析的方法，对“河北担保圈”的案例进行了分析，重点着眼于它的形成动因及经济后果，研究指出制度因素比如政府过度干预使金融环境恶化，大股东利益输送和信贷资源配置扭曲的问题也很常见。他们研究得出，上市公司之所以频频出现过度融资的问题，其主要原因来自于控股股东的侵占动机，即控股股东总是期望通过由自己的地位所获得的便利和各种优势来侵占该市场活动其他参与者的利益。融资需求的过度导致了企业相互担保的过度，进而形成了复杂的担保网络。并且，这一案例的结果也证实了大股东的巨额资金侵占导致了部分公司出现了大量的外债。

吴宝等（2011）研究认为，担保网络所具有的传染效应对于公司所受到的负面影响，会起到一个放大器的作用。当网络中的某家企业发生危机时，危机很可能会由该传染效应传递给处于同一网络中的另外的企业。刘成立（2010）研究发现审计师额外关注了企业的异常担保行为，主要包括大额担保、对控股股东的担保和高风险的担保。简和徐（Jian & Xu，2012）认为，制度对社会担保圈的形成具有重要的影响，当政府干预水平低、金融市场发展好时，企业加入担保圈的倾向就越低。张君瑞等（2014）研究发现，当审计师出具审计意见时，会将公司担保的规模、对象和被担保者的风险等纳入考虑范围。王永钦等（2014）发现，企业在担保网络中越处于中心地位，其获得融资的能力就会越强。曹廷求和刘海明（2016）指出上市公司的担保网络对其绩效具有负面影响，他们认为担保网络从两个方面负向影响了企业的绩效，一个是导致企业过度投资，另一个是诱发控股股东机会主义行为，这使信用担保的信息功能被抑制。

2.1.4 供应网络

社会分工导致了企业间的供求关系，一件最终消费品的生产往往需要经过多家企业加工而成，从而形成了多种多样的供应关系，并且一家企业往往同时承担着供应商和客户两种角色。随着社会分工的深化，企业的生产经营活动嵌入在复杂的供应关系网络中，因此在对企业绩效进行衡量时，有必要对其所嵌入的供应关系网络进行考察。

由于无法获得准确的供应关系网络数据，学者们多采用供应商集中度这一指标对在供应关系网络进行衡量。帕塔图卡斯（Patatoukas，2011）收集了一个供应链关系的综合样本，并制定了一个指标来捕捉供应商客户群的集中程度。他发现，与传统观点认为客户群集中是供应商企业绩效的障碍不同，供应商集中度和会计回报率之间具有正相关关联。与客户群集中度和供应商公司绩效之间的因果关系相一致，跨期变化分析表明，供应商集中度增加可以减少每美元销售额运营费用和提高资产利用率。基于交易费用理论与资源依赖理论，田志龙和刘昌华（2015）利用中小企业板上市的制造业企业的数据，采用多元回归的方法研究客户集中度对中小企业绩效的影响。他们发现，中小企业客户集中度对企业绩效有显著正向作用，关键客户议价力在客户集中度与企业绩效间的关系中具有部分中介效应，企业产品类别在客户集中度与企业绩效的关系中具有调节效应。欧文等（Irvine et al.，2015）通过引入动态关系生命周期假说，假设客户群集中度和盈利能力之间的关系在最初几年显著为负，但随着企业关系的成熟而变为正。利用扩展的供应商—客户关系数据集，他们发现，尽管由于早期存在维护特定于客户的投资。这些投资导致更大的固定成本，更大的经营杠杆和更高的损失概率，但随着企业关系的成熟，企业盈利能力增强。

与以上研究不同，有学者指出客户集中度越高，企业的经营绩效越差。唐跃军（2009）认为供应商、客户的集中度和议价能力越低则公司业绩越好，供应商的集中度和议价能力与公司业绩之间表现为倒“U”型关系。唐跃军（2009）指出，传统的企业与企业的竞争已经演化为供应链与供应链之间的竞争，这使得改进供应链管理成为提升公司竞争力的必由之路。恒等（Huan et al.，2017）利用杜邦分析框架，以中国上市公司年报披露的前五大客户为样本，考察了供应商—客户关系对企业经营绩效的影响。他们发现客户集中度与企业绩效显著负相关。进一步分析表明，客户集中度对业绩的负面影响来自毛利率和应收账款周转率的下降。同时，供应商必须支付更多的招待费来留住他们的主要客户，并且由于客户付款违约而承担更多的财务费用。他们的研究还发现，客户集中度增加了产能过剩行业的应收账款和存货周转率。

从网络拓扑角度，埃亨和哈福德（Ahern & Harford，2014）发现在由客户和供应商贸易流连接起来的产业网络中，产品市场连接越强，发生跨行业并购的概率越大。并购行为通过客户与供应商之间的联系在整个网络中传播，并且在较近的供应关系中传播快，在较远的供应关系中传播慢。可以说是整个经济体的并购浪潮是由位于产品市场网络中心的行业并购活动推动的。贝拉米等（Bellamy et al.，2014）以390家电子行业企业检验了供应网络的结构特征，并探讨了企业供应网络的可达性和互联性与其创新产出之间的关系。研究结果还表明，互联供应网络增强了供应网络可达性与创新产出之间的关联。此外，两种结构特征对创新产出的影响可以通过企业的吸收能力和供应网络伙伴创新水平来增强。董等（Dong et al.，2015）的研究同样超越了二元分析的视角，探讨了一个集中分销商在这种分销网络中的关系嵌入和结构嵌入如何影响其对占主导地位的供应商的机会主义行为。他们假设分销商在网络中的关系嵌入抑制了其机会主义，而其作为网络结构嵌入形式的网络中心性则促进了其机会主义。他们的研究发现关系嵌入放大了分销商对供应商的依赖在抑制分销商机会主义中的作用，而网络中心性则缓冲了这种作用。

从更广泛的供应关系角度，史金艳等（2019）采取社会网络分析方法，基于2013~2016年中国制造业上市公司前五名的供应商和客户信息，构建了包含关系嵌入和结构嵌入的供应网络。他们利用网络中心性和结构洞刻画了公司的供应网络位置特征，对供应网络中结构嵌入影响公司绩效的效应和机理进行分析与检验。他们的研究发现公司所处的优势网络位置不但没有为公司带来网络收益，反而突出地表现为公司所处的网络中心性越高、占据的结构洞越丰富，公司绩效越差。史金艳等（2019）对这一负向关系进行了进一步解释，他们发现网络中心性越高、占据结构洞越丰富的公司经营风险越大，从而减弱了公司绩效。

2.2 企业高质量发展

2.2.1 企业高质量发展指标选择

在党的十九大报告《决胜全面建成小康社会，夺取新时代中国特色社会主义伟大胜利》中，习近平总书记指出“我国经济已由高速增长阶段转向高质量发展阶段。”相应地，学术界与理论界也把更多的关注投向了高质量发展。黄速建等（2018）认为经济高质量发展的问题，归根结底要通过企业的高质量发展来实现，所以企业的高质量发展成为我国经济高质量发展的根本基础。由此，企业的高质量发展也顺理成章地成为一个重要的经济问题，本书从全要素生产率、组织韧性与企业社会责任三个方面对企业高质量发展进行考察，并在接下来的部分进行论证。

发展的理念在新的时代有了新的内涵，关注创新、协调、绿色、开放和共享，与之相对，企业高质量发展的衡量标准也应该与此新理念相适应。习近平总书记在 2018 年 4 月 2 日下午主持召开中央财经委员会第一次会议中指出，打好三大攻坚战要稳定大局，推动高质量发展，提高全要素生产率，在改革发展中解决问题。全要素生产率可以以直接的形式表现企业投入产出的效率。当一个企业为了获得更多的利润，采取了提高自身生产率的形式，而不是通过增加要素的投入时，企业的发展质量将得到进一步的提升，因此，全要素生产率是衡量企业高质量发展的重要指标。

从企业全要素生产率来看，正如党的十九大报告中明确指出，要“推动经济发展质量变革、效率变革、动力变革，提高全要素生产率”。全要素生产率可以综合衡量企业的技术进步与资源配置效率的提升。全要素生产率的提高，标志着全要素带来的增长超过全要素的投入增长。企业全要素生产率的提升，从微观层面而言，可以使企业在投入要素不变的情况下增加产出、获得更多利润，提高企业的竞争力；从宏观层面，可以使社会总投入要素不变的情况下增加总产出，社会福利水平增加、国家竞争力增加，甚至实现跨越中等收入陷阱的目标。

习近平总书记在二十国集团领导人峰会上关于世界经济形势和贸易问题的发言以“携手共进，合力打造高质量世界经济”为题，在发言中他指出世界经济已经进入新旧动能转换期，各国应该提升经济运行效率和韧性，努力实现高质量发展。企业组织韧性是指企业面临危机时的抵御、应对危机以及恢复的能力，一个高质量发展的企业不仅需要在经济上行周期提质增效，也需要在经济下行周期有足够的恢复力，能够创造出新的发展路径（逯苗苗和孙涛，2018）。企业作为经济体的基本组成单元，企业组织韧性是整体经济韧性的微观基础。因此，以企业组织韧性为企业高质量发展的衡量目标，有利于各国合力打造高质量世界经济。

从企业组织韧性来看，企业组织韧性是整体经济韧性的重要组成部分，经济韧性良好的企业可以减低金融与经济风险。防范和化解经济风险是我国经济三大攻坚战的首战，这就要求经济体制具有更强的韧性。经济韧性，指的是当一个经济体受到冲击时，其保持原有状态或者恢复到原有发展路径的能力。细化到组织韧性的角度，当组织所处的网络出现变故且受到致命伤害时，组织一方面要抵抗这种伤害，另一方面要保持竞争的地位，这是十分困难的。因此，组织韧性被定义为，当组织内部或外部受到冲击时，其抵御、应对危机及恢复的能力。一个具有韧性的企业在面对风险时能够迅速调整其组织战略，减弱乃至抵消冲击，从而获得相对稳定的收益，因此一个企业组织韧性的大小可以用来衡量该企业发展质量的好坏。

从企业社会责任来看，积极履行社会责任已经成为企业谋求可持续发展的必然选择（张丹宁和唐晓华，2012）。企业社会责任则集中体现了企业的经营绩效、就业岗位创造、产品质量标准、客户满意度、环保投入、减排绩效、公益捐赠以及纳税总额，从一个综合角度考察企业的发展质量，一个高质量发展的企业必然也应该是一个社会责任良好的企业。

企业创新是企业高质量发展的中间性指标，即企业高质量发展是结果，企业创新是过程，企业创新的成效可以通过全要素生产率的升高来体现，可以通过企业韧性的增强来体现，因此本书不再将企业创新作为结果性指标来衡量，而是将其归入高质量发展结果性指标的分析。因此，本书将力图回答现阶段我国企业网络嵌入现状问题，并且从企业全要素生产率、企业组织韧性和企业的社会责任这三个方面考察网络嵌入对企业高质量发展的影响。

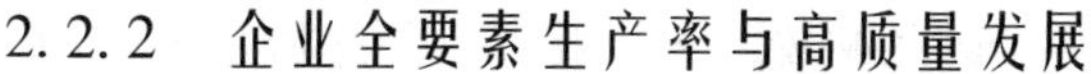

2.2.2　企业全要素生产率与高质量发展

正如党的十九大报告中明确指出，要“推动经济发展质量变革、效率变革、动力变革，提高全要素生产率”。全要素生产率可以综合衡量企业的技术进步与资源配置效率的提升。全要素生产率的提高标志着全要素带来的增长超过全要素的投入增长。从微观层面，企业全要素生产率的提升，可以使企业在投入要素不变的情况下增加产出、获得更多利润，提高企业的竞争力；从宏观层面，企业全要素生产率的提升，可以使社会总投入要素不变的情况下增加总产出，社会福利水平增加、国家竞争力增加，甚至实现跨越中等收入陷阱的目标。

中国经济已经进入到了经济增长模式的根本转换阶段。从高速增长转变为高质量的发展，两个阶段具有不同的质态。高质量发展相对来说，内涵更丰富，维度更多样。金碚（2018）经过研究，对于高质量发展有更深层次和更丰富内涵的阐述。他认为经济高质量发展的方式、结构和动力，需要能够更好地契合满足人民不断增长的物质文化需求的要求，高质量发展的质态严格、维度广泛，涵盖了社会经济政治文化等诸多的领域。任保平（2018）认为判断衡量经济的高质量发展程度，不是由单一维度的标准去判断，而是要统筹分析，综合考虑。内容涵盖了经济发展的有效性、经济发展的持续性、经济发展的创新性以及经济发展的分享性等方面。陈昌兵（2018）认为，正是由于经济的高质量发展内涵如此广泛，因此把握根本更加的重要。经济高质量发展的核心在于提高劳动生产率和全要素生产率，为达此目的，要求经济的增长方式由低质量的量的增长，向着人力资本积累和创新驱动的增长方式发展转型。因此，以全要素生产率作为高质量发展的衡量标准，以增长方式集约化转变作为高质量发展的主要内涵，可以有效体现经济增长方式的转变。

国内外的学者对我国的全要素生产率进行了一系列的衡量。一般观点认为，中国总体上扩大资本投入必须以提高资本的产出效率为导向来合理的分配资源，这是因为尽管部分发达地区存在部分领域资本投入的过度投资，但是中国经济的资本总量还是处在一个比较低的水平，这就要求必须要合理的配置资本要素，提高资本使用的效率。谢和克莱诺（Hsieh & Klenow，2009）利用制造业的微观数据来量化中国和印度与美国之间分配不当的潜在程度，他们的研究结论认为中国可以依靠调整要素配置的结构来将生产率提高 30% ~50%。在中国的要素中，相对资本要素来说劳动力的流动性更强，因此主要的误配置是由资本的错误配置造成的，所以更应该利用微观经济政策来改善资本的配置效率。勃兰特等（Brandt et al.，2012）为中国制造业提供了一套全面的企业级全要素生产率（TFP）评估，涵盖了中国加入世贸组织的时间。他们发现在 1998 ~2007 年期间，在职人员的加权平均年生产率增长率为总产量生产函数的 2.85%，增值生产函数的 7.96%，作为产出增长来源，全要素生产率增长主导着投入积累。

我国学者也积极探讨影响全要素生产率的因素，贺晓宇和沈坤荣（2018）使用索罗残差法估计了各省份的全要素生产率，将其作为各省份高质量发展的度量指标，并构建了省级现代化经济体系指标，他们的研究发现现代化经济体系建设显著提升了各省份的全要素生产率，成为高质量发展的重要推动力。余泳泽等（2019）为了探究我国经济转向高质量发展的时空转换特征，计算了 230 个城市的绿色全要素生产率，将其作为高质量发展的重要指标。他们发现绿色 TFP 的增长速度具有波动性，其中，技术进步效率整体上具有向上的趋势。马茹等（2019）以动态面板模型为基础，考察了科技人才对全要素生产率的影响，以揭示科技人才对我国经济高质量发展的影响。他们的研究表明，我国科技人才对全要素生产率的整体促进程度比较小，科技人才对促进高质量发展的潜力仍有待进一步释放。

而沈等（Shen et al.，2019）首先利用 1978 ~2014 年中国 30 个省份的面板数据集，测量了中国区域 TFP 的水平和增长情况。然后，估算了研发对区域性 TFP 的影响，并进一步探讨了 TFP 对中国能源强度的影响。没有发现任何证据表明研发对中国各省份的 TFP 及其增长具有创新和溢出效应。然而，研发可以通过帮助吸收外国直接投资和对外贸易中的新技术来促进区域性 TFP 的增长，结果表明，全要素生产率在我国能源强度下降中起着重要作用。

从微观企业视角，任胜钢等（2019）研究了排污权交易机制对企业全要素生产率的影响，验证了波特假说在我国的适用性。他们还发现排污权交易制度可以通过技术创新与资源配置效率等路径提升企业的全要素生产率。王洪盾等（2019）采用OP与LP方法计算上市公司的全要素生产率，探究了上市公司治理结构与公司绩效之间的关系，他们发现，股权集中度与上市公司全要素生产率存在倒“U”型关系，独立董事比重正向影响了企业的全要素生产率，并且高管薪酬激励仍然是有益于企业绩效的。

2.2.3 企业组织韧性与高质量发展

韧性（resilience）这个概念用来描述系统的某种能力或者特性，即当系统受到冲击后，系统能够保持原有的机构和能力并且能够恢复到初始的状态。这一概念最早由霍林（Holling，1973）提出，并应用在生态学领域。近些年来，某些领域的研究越来越与其他领域相关联，各领域特有的概念也随之迅速的推广到其他领域。雷贾尼等（Reggiani et al.，2002）最早将韧性的概念引入到经济学领域，应用于空间经济的分析。由于韧性的特征与经济学研究需求的契合，韧性分析在经济学领域得到了非常迅速的推广和运用，并且在经济学领域有了更加细化的分支，包括均衡论视角下的工程韧性、生态韧性，以及演化论视角下的适应性韧性等（Martin，2012）。

适应性韧性从演化视角切入经济学的研究对各经济体的韧性进行分析研究（Christopherson et al.，2010；Boschma，2015；Wink et al.，2015）。从演化论的视角分析，研究者们认为经济体韧性可划分为两种能力，即长期的能力和短期的能力，并且研究指出长期中经济体保持稳定发展的能力与短期中经济体应对冲击的能力同等重要。因此当聚焦于培育经济体的韧性时，相应地也应该注重两个方面，既要培育经济体从短期冲击中恢复过来的能力，也要培育经济体寻求潜在变革，从而实现长期稳定发展的能力（Davoudi et al.，2013）。用演化论的视角分析经济体韧性，它并不是一蹴而就的，而是一个持续的过程，不仅仅应该注重经济体短期内恢复到已有的或新的稳定均衡状态，而且应该涵盖长期内一个经济体的彻底转型（Evenhuis，2017）。因此，经济体应对结构性变化的能力对经济体的韧性的影响是不可估量且起决定作用的。所谓结构性变化，即经济体不可避免地出现停滞或者下滑，而这种应对能力即经济体创造新的增长路径来抵消这些负面影响的能力（Martin & Sunley，2013）。

企业组织韧性是整体经济韧性的重要组成部分，具有经济韧性的组织可以减低金融与经济风险，防范和化解经济风险是我国经济三大攻坚战的首战，这就要求经济体制具有更强的韧性。经济韧性，指的是当一个经济体受到冲击时，其保持原有状态或者恢复到原有发展路径的能力。细化到组织韧性的角度，当组织所处的网络出现变故，组织受到致命伤害时，组织一方面要抵抗这种伤害，另一方面要保持竞争的地位，这是十分困难的。布利加等（Buliga et al.，2015）也指出，组织韧性是一种双重的能力，不仅要求适应环境的变化、抵御危机，而且要求与此同时，不应严重的丧失组织能力，即在危机情况下，能够保持适应能力。一个具有韧性的企业在面对风险时能够迅速调整其组织战略，减弱乃至抵消冲击，从而获得相对稳定的收益，因此一个企业组织韧性的大小可以用来衡量该企业发展质量的好坏。王勇（2019）的研究发现，组织韧性除了可以促进新创企业成长，还有助于新创企业战略制定能力和资源整合能力的提升。

2.2.4 企业社会责任与高质量发展

企业社会责任（corporate social responsibility，CSR），是指企业在创造利润、对股东和员工承担法律责任的同时，还要承担对消费者、社区和环境的责任，企业的社会责任要求企业必须超越把利润作为唯一目标的传统理念，强调要在生产过程中对人的价值的关注，强调对环境、消费者、对社会的贡献。关于企业社会责任研究的文献主要分为两类：一类是研究什么因素影响了企业社会责任的承担，另一

类是研究企业积极承担社会责任会有怎样的经济后果。

关于企业为什么会承担社会责任的研究有很多，其中合法性理论认为，企业可以通过承担社会责任，使其经济行为活动合法化，从而达到社会目标与企业自身目标的一致性（Brennan et al.，2013），因此企业需要承担社会责任。资源依赖理论认为，企业为了能够获得优势资源，需要不断地承担社会责任，以期增强自身的竞争优势（McWilliams & Siegel，2010）。制度理论则认为，是因为公司需要遵守特定商业制度，在其所存在的商业大环境中就不得不承担一定的社会责任（Campbell，2007）。利益相关理论从多样化需求角度论证了企业承担社会责任的原因，该理论认为，由于企业存在诸多利益相关者，为了满足政府、社区等利益相关者的需求，企业会承担相应的社会责任（Gilbert & Rasche，2008）。

从企业社会责任来看，积极履行社会责任已经成为企业谋求可持续发展的必然选择（张丹宁和唐晓华，2012）。企业社会责任则是集中体现了企业的经营绩效、就业岗位创造、产品质量标准、客户满意度、环保投入、减排绩效、公益捐赠以及纳税总额，从一个综合角度考察企业的发展质量，一个高质量发展的企业必然也应该是一个社会责任良好的企业。

2.3　评　　述

约翰·多恩布（John Donne）指出“没有人是一座孤岛”，人与人之间存在多种连接关系，格拉诺维茨（Granovetter，1973）在研究社会网络问题时，将不同组织或者个体之间的因为交流或者接触形成的关系称为连接，社会中的经济人是在社会网络的互动中做出决定的（Granovetter，1985）。人类从根本上来说是一个社会物种，其相互作用模式决定了他们的行为，所以在努力建立更好的人类行为模型时，经济学家不能忽视这一社会性（Jackson，2019）。这同样适用于企业，企业作为一种组织形式存在边界，企业通过购买和出售等契约形式与其他企业相互连接。企业网络嵌入不仅可以增强企业之间的资源获取能力、信息共享性还可以强化企业间的信任和互惠基础（Allen & Burt，1985；Chuluun et al.，2010；Kim，2014；Zaheer & Soda，2014），研究企业网络嵌入行为及其影响成为一个重要议题。

我国的经济已经走过了高速增长的阶段，现在正在向着高质量发展的阶段大踏步前进。在这个转型过程中，我国的经济处于转变发展方式、优化经济结构、转换增长动力的攻关期，挑战和机遇并存。我国经济发展的战略目标是建设社会主义现代化的经济体系，此目标也是我国经济突破关口的迫切要求。经济高质量发展的问题，归根结底要通过企业的高质量发展来实现（黄速建等，2018），所以企业的高质量发展成为我国经济高质量发展的根本基础。由此，企业的高质量发展也顺理成章地成为一个重要的经济问题。

从企业全要素生产率、企业组织韧性与企业社会责任三个方面可以反映企业的高质量发展情况。全要素生产率可以以直接的形式表现企业投入产出的效率。当一个企业为了获得更多的利润，采取了提高自身生产率的形式而不是通过增加要素的投入时，企业的发展质量将得到进一步的提升。企业组织韧性是指企业面临危机时的抵御、应对危机以及恢复的能力，一个高质量发展的企业不仅需要在经济上行周期提质增效，也需要在经济下行周期有足够的恢复力，能够创造出新的发展路径。企业社会责任则是集中体现了企业的经营绩效、就业岗位创新、产品质量标准、客户满意度、环保投入、减排绩效、公益捐赠以及纳税总额，从一个综合角度考察企业的发展质量，一个高质量发展的企业必然也应该是一个社会责任良好的企业。因此，高质量发展的企业应该是创新发展、高效发展、稳定发展、增加社会总体福利的企业。

第3章　上市公司网络嵌入现状

3.1　社会网络分析方法

社会网络分析方法是一种定量分析方法，最初兴起于社会学家的各种研究之中。社会学家以数学方法、图论等为基础，总结发展出此方法。近年来，它突破了社会学的范畴，广泛地应用于各种学科，受到了重视。在政治、经济、历史、文化等领域的研究中都发挥了重要的作用。在起源的社会学领域，社会网络分析的发展时间比较长，也已经比较成熟。众多的社会学家运用此工具得心应手地研究各种社会学问题。在当今飞速发展的知识经济时代，诸如经济学管理学等其他学科的学者们借鉴各种研究方法研究各种新问题，社会网络分析方法就是其中被应用较多的一种。

从社会网络的角度来说，人在社会环境中的各种相互作用，都是基于关系的一种模式或者规则。而这些模式或者规则的规律性反映了社会结构，这种结构的量化分析，正是社会网络分析的出发点和起点。因此，与其说社会网络分析是一种分析方法，不如说它是一种关系论的思维方式。近年来，它因广泛地应用于各种学科而受到了重视。在政治、经济、历史、文化等领域的研究中都发挥了重要的作用。

社会网络分析方法不仅仅是对关系或者机构进行分析的一种分析方法，更是一种思想理论。因为运用社会网络分析方法的学者把社会学的研究对象表述为社会结构，而社会结构的外在表现形式就是行动者之间的关系模式。网络分析者对于特定网络中的关联模式很敏感，他们关注这种模式如何通过提供不同的机会或者说限制来影响人们的行动。运用社会网络分析方法，构建我国上市公司的关联关系网络，分析公司的网络嵌入现状，能够有效帮助本书厘清上市公司之间的嵌入关系网络，也有助于本书分析我国上市公司网络嵌入发展脉络以及对网络嵌入关系进行量化分析。

3.1.1 网络中心度

网络度量指标包括结构洞指标和中心度指标。网络中心度的具体衡量指标主要包括程度中心度、中介中心度、接近中心度和加权中心度。四个中心度指标分别从不同角度衡量社会网络中的个体与网络成员之间的关系。

程度中心度的概念是由计量经济学中的“明星”（star）这个概念发展而来的。核心点是描述在一系列关系中处于中心位置或者“核心”未知的点，这种点与其它的点有多个直接联系。因此，绝对程度中心度定义为与点A直接相连的其他点的个数。也正是由于绝对中心度的这个定义，所以中心度数的比较在同一个网络成员之间或者是同规模的网络之间才有意义，这也成为用绝对程度中心度测量一个点的中心度的主要局限。因为除了联系数量之外，绝对中心度还依赖于该点所处的网络的规模，规模不同的网络中的点，原则上来说不可比较绝对程度中心度。为了解决这种不可比较的问题，弗里曼（Freeman，1979）提出了对相对程度中心度的概念，相对程度中心度的计算方法如下：

$$\mathrm{Degree}_i = \frac{\sum_j X_{ij}}{n-1}$$

其中，i和j分别表示网络中的节点，如果i与j之间存在关联，X_{ij}取1，否则取0。加权程度中心度的计算方法与之类似，如果i与j之间存在一重关联，X_{ij}取1，如果i与j之间存在两重关联，X_{ij}取2，以此类推。

中介中心度是衡量网络中节点作为关键中间人的程度的概念。按一般经验推断可知，如果某位行动者不是处于一条交往网络路径上，而是处在很多交往路径上，相对于仅仅处于一条或者少量交往路径上的行动者来说，可以说此人居于重要的地位，因为此人可以影响甚至控制其他两人或多组两人之间的交往。这种影响或者控制通过曲解信息的传递来影响群体（Freeman，1979）。因此，需要另一个测量行动者对资源控制程度的指标来刻画行动者的个体中心度，该指标就是中介中心度。也可以说，该节点在其他个点之间起到了桥梁作用。因此，中介中心度的计算方法如下，点 j 和 k 之间存在的经过点 i 的捷径数目用 $g_{jk}(i)$ 来表示：

$$\text{Betweenness}_i = \frac{\sum_j^n \sum_k^n g_{jk}(i)/g_{jk}}{(n-1)(n-2)/2}$$

如果网络中的一个节点在传递或者接受信息的过程中较少依赖其他节点，就可以说该节点具有较高的接近中心度。一个不处于核心位置的参与者，即“非核心位置成员”，不能直接的去接收或者传递信息，而是“必须通过他者才能接收或者传递信息”（Freeman，1979）。这也就是说，相对于这种“非核心位置成员”来说，核心位置成员或者处于核心位置的节点，在接收或者传递信息时会更加的自由，更少的依赖于其他参与者。因此，一个点与其他的点越是接近，该点就会越少的依赖其他参与者接收或者传递信息。这就是“接近中心性”思想。因此，接近中心度的计算方法如下，其中 d_{ij} 是 i 和 j 之间的捷径距离：

$$\text{Closeness}_i = \left[\frac{\sum_{j=1}^n d_{ij}}{n-1}\right] - 1$$

3.1.2　网络结构洞

“结构洞”概念最早由布尔特（Burt）在 1992 年提出，他用这一概念描述社会网络中某些行动者之间存在无直接联系的现象。“结构洞”指的是社会网络中的空隙。所谓“空隙”，是因为社会网络中的所有个体不会都发生直接联系，若某个企业处于这个结构洞的位置，那么它就可以利用自己的特殊位置来更好地控制社会资源。在网络结构的总体中，由于存在无法直接联系的行动者，那么网络结构中就出现了洞穴，这个洞穴指的是两个行动者之间非冗余的联系。可以表述为，如果一个观察点的两个邻点不直接相连，那么这个观察点的自我中心网络内就有一个结构洞。

说到的结构洞，一般涉及三个行动者，令三个行动者 A，B 和 C，其中 A 和 B 有关联，B 和 C 有关联，而 A 和 C 无关联，那么这种结构就是一个典型的结构洞，也可以说在 A 和 C 之间存在一个结构洞。该结构洞中，B 处于中间人的地位，因此 B 可以控制资源的传递等。结构洞的计算比较复杂，布尔特的结构洞的计算要考虑四方面因素，即有效规模（effective size）、效率（efficiency）、限制度（constraint）和等级度（hierarchy）。

本书使用限制度概念，从这一概念上讲，一个节点的“限制度”指的是该节点在网络中多大程度上受到了结构洞的限制。布尔特指出，“一个节点受到的限制取决于节点对另一个节点 q 投入的时间和精力，以及节点 q 向其余节点 j 所投入的时间和精力。”因此限制度的计算方法为：

$$C_{ij} = (p_{ij} + \sum_{q} p_{iq} p_{qj})^2$$

其中，p_{iq}是在节点 i 的全部关系中，投入到 q 的关系占总关系的比例（Burt，1992）。C_{ij}值越大，节点受到的基于结构洞概念的限度制越大。

3.2 连锁董事网络

3.2.1 连锁董事网络的度量

如果 A 公司董事会与 B 公司董事会有一名董事成员是同一人，那么这位董事就成为了一个连锁董事（interlocking director）或者称为多重董事（multiple director），同时，这也就建立了两个董事会之间的联系，也即构建了A公司和B公司之间的关系。谢德仁和陈运森（2012）将“董事通过在董事会同时任职建立的直接和间接连接关系”定义为董事网络，并对董事网络的特征和计量进行了较为详尽的分析与探讨。

不同于谢德仁和陈运森（2012）的研究，本书认为一个公司内部的各类董事之间的联系对整体公司网络而言并不是特别重要，公司间信息主要是通过在不同公司同时任职的董事进行传递的。董事网络可以分为两个维度，即个人维度和公司维度。在个人维度层面上，如果两名董事坐在同一个董事会上，则两名董事相互关联。在公司维度层面上，如果两个公司共享同一个董事，那么这两个公司是相互关联的。因此，本书主要考察公司维度的连锁董事关系。巴尼娅和格斯（Barnea & Guedj，2009）在标普1500的公司中建立董事网络，就导致不在这一指数范围内的董事连接被人为切断，可能会导致网络构建不全面，网络位置及其度量出现偏差。因此本书借鉴王营和张光利（2018）的研究，以全部上市公司为基础构建连锁董事网络。

连锁董事数据来源于国泰安（CSMAR）数据库，根据董事任职关系网络整理，具体整理方法如下：首先根据董事资料对上市公司董事进行唯一编码；其次整理出董事与上市公司之间的关系，得到每一年度的“董事—公司”二模关系网络；再次将“董事—公司”二模关系网络转换成“公司—公司”一模关系网络；最后使用Pajek软件对“公司—公司”一模关系网络的网络特征进行计算。通过上述方法得到的上市公司连锁董事网络是一个加权无向的网络结构，即如果A公司董事会与B公司董事会有一名董事成员是同一人，则A公司与B公司之间的关系为1（Larcker et al.，2013），如果A公司和B公司有两名相同的董事会成员，则A公司与B公司之间的关系为2，依次类推。

考虑到内部董事与外部董事对公司的作用可能存在不同，本书除了使用公司全部的董事建立连锁董事网络外，还分别使用内部董事、外部董事分别建立内部连锁董事网络和外部连锁董事网络，并进行相关分析。具体而言，将只有内部董事构成的公司网络连接作为内部董事网络，只有外部董事构成的公司网络连接作为外部董事网络，将由于董事在一个公司任职内部董事而另一个公司任职外部董事而形成的公司关联关系剔除。

3.2.2 连锁董事网络的现状

图3－1展示了2003年至2017年上市公司中存在连锁董事企业的数量，可见存在连锁董事的公司数量逐年上升，当然，这也和上市公司数量逐渐增长有一定关系。通过区分内部董事和外部董事，可以发现，外部连锁董事的数量增长速度明显高于内部连锁董事。

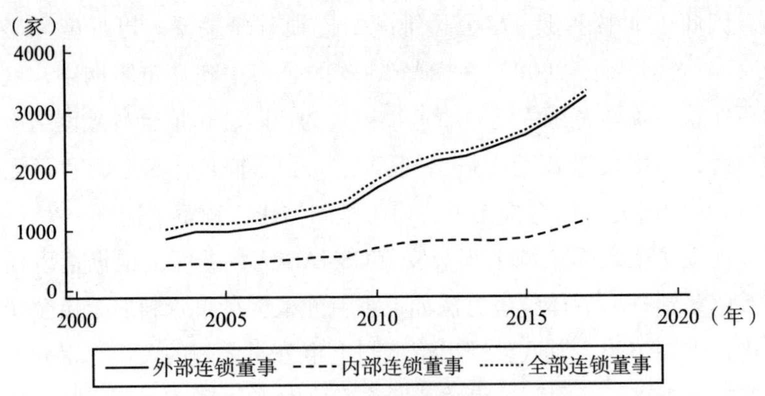

图3－1　存在连锁董事企业的数量

资料来源：国泰安（CSMAR）数据库资料整理所得。

就分行业情况来看，制造业存在连锁董事企业的年平均数量最多，超过了其他行业的总和，一方面可能是由于上市公司中制造业企业占比本身就比较高，另一方面是因为制造业对于由连锁董事获得的资源与信息比较敏感，更愿意建立连锁董事关系。本书进一步对制造业的细分行业进行了分类比较，如图3－2和图3－3所示，可以看出计算机、通信和其他电子设备制造业这一细分行业内拥有连锁董事的公司最多，化学原料和化学制品制造业以及电气机械和器材制造业这两个细分行业次之，可以看出技术更新快以及发展时间久的行业具有更多的连锁董事关系。

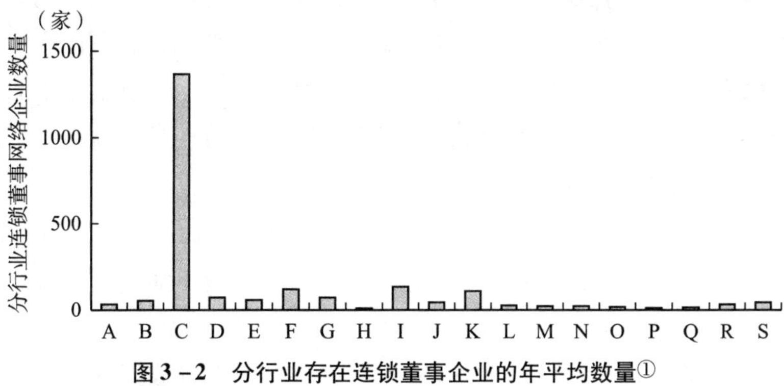

图 3－2　分行业存在连锁董事企业的年平均数量①

资料来源：国泰安（CSMAR）数据库资料整理所得。

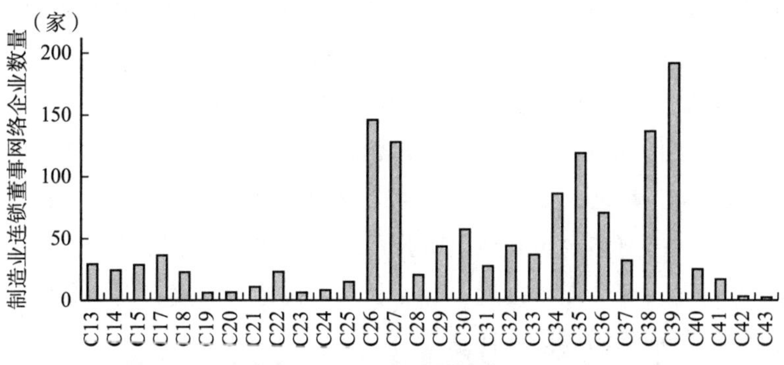

图 3－3　制造业分行业存在连锁董事企业的年平均数

资料来源：国泰安（CSMAR）数据库资料整理所得。

3.3　交叉持股网络

3.3.1　交叉持股网络的度量

万得（Wind）数据库提供了 2006 年以来的上市公司交叉持股明

① 根据 2012 版证监会行业分类代码整理。

细表，也即从该数据库提供的数据中，可以掌握上市公司持有其他上市公司的股票的情况，这种情况的掌握可以细化到每个年度。因为持股是一个可以区分主动行动者与被动行动者的行为关系，所以交叉持股网络是一个有向网络（即有方向、非对称的网络）。根据每年的交叉持股明细，利用 EXCEL 将其整理成上市公司间点对点的形式，形成一个有向的 0－1 网络，如果上市公司 A 持有 B 的股票，而上市公司 B 不持有 A 的股票，那么（A，B）坐标处的数字记为 1，而（B，A）坐标处的数字记为 0，以此类推，将交叉持股明细表中的所有上市公司分年份进行整理，根据每年数据形成一个交叉持股 0－1 矩阵。

然后利用 PAJEK 软件将整理后的有向网络进行数据分析，分年度计算出交叉持股网络的程度中心度、接近中心度、中介中心度和结构洞特征，与无向网络不同的是，在计算交叉持股的程度中心度时，不仅需要将有向网络看成无向网络计算总的程度中心度，还需要分别计算点入度和点出度，在计算上市公司的点入程度中心度时，仅考虑网络中指向目标节点的关联，也就是说仅考虑有多少上市公司持有该公司的股票，反之，如果计算上市公司的点出程度中心度，就仅考虑该上市公司持有多少家其他上市公司的股票。同样，在计算接近中心度时，也需要区分点入接近中心度和点出接近中心度，而中介中心度与结构洞特征不需要区分计算。

3.3.2 交叉持股网络的现状

由于万得数据库仅提供了 2006 年以来的数据，且 2006 年之前我国上市公司信息披露不健全，因此本书仅对 2006 年以来交叉持股网络进行分析，由表 3－1 分年度交叉持股网络上市公司数量可知，从 2006 年到 2010 年存在交叉持股的上市公司数量逐年递增，在 2010 年与 2014 之间有一个缓慢下降与回升的趋势，到 2014 年之后存在交叉持股的上市公司数量急剧下滑，如图 3－4 所示，在分行业分析中，制造业上市公司在交叉持股网络中仍然是占比最多的，如图 3－5 所示，在制造业细分行业中，属于计算机、通信和其他电子设备制造业的上市公司最多，不同于连锁董事网络中的行业结构，交叉持股网络中医药制造业类上市公司的数量较多，排在第二位。

表 3 –1　　　　分年度交叉持股网络上市公司数量

年份	数量（家）	占比（%）	累计占比（%）
2006	764	6. 70	6. 70
2007	873	7. 66	14. 37
2008	891	7. 82	22. 19
2009	935	8. 21	30. 39
2010	1049	9. 21	39. 6
2011	1017	8. 92	48. 52
2012	1004	8. 81	57. 33
2013	1032	9. 06	66. 39
2014	1057	9. 28	75. 66
2015	923	8. 1	83. 76
2016	930	8. 16	91. 93
2017	578	5. 07	97. 00
2018	342	3. 00	100. 00

资料来源：万得（Wind）数据库资料整理所得。

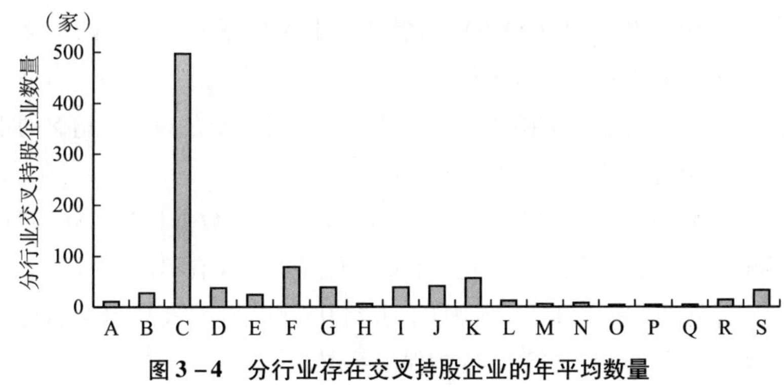

图 3 –4　分行业存在交叉持股企业的年平均数量

资料来源：万得（Wind）数据库资料整理所得。

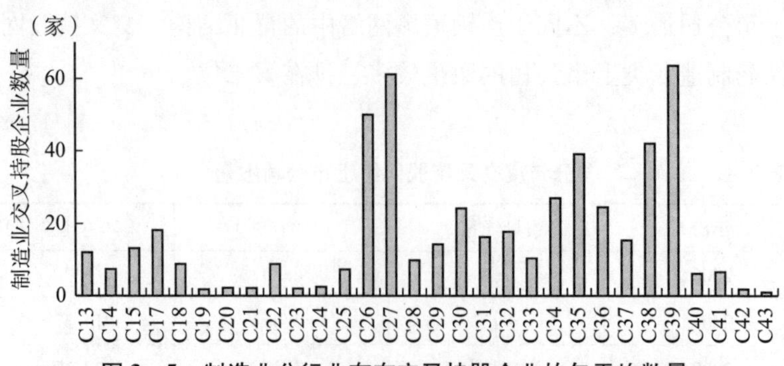

图3－5　制造业分行业存在交叉持股企业的年平均数量

资料来源：万得（Wind）数据库资料整理所得。

3.4　担保网络

3.4.1　担保网络的度量

万得（Wind）数据库提供了上市公司披露的担保信息，数据中包括担保方名称与被担保方名称，本书对这一数据进行整理，以期获得上市公司之间的担保数据。但这一数据中不仅披露了上市公司担保信息，还有大量非上市公司的担保信息，需要进行数据剔除与匹配。参考曹廷求和刘海明（2016）的做法，本书根据上市公司的中文全称、中文简称对被担保方名称进行匹配，得到了上市公司为上市公司担保的一对一数据，剔除年度内一个公司为另一个公司多次担保的重复值，并剔除上市公司为自己担保的数据。

本书将每一年度的上市公司之间一对一担保数据通过EXCEL转化为0－1矩阵，即如果上市公司A对上市公司B有担保，那么（A，B）坐标处的数字为1，反之为0，并将0－1矩阵导入PAJEK软件中进行社会网络分析，得到年度担保关系图。

3.4.2　担保网络的现状

本书参考曹廷求和刘海明（2016）的做法，将多于或等于3家公司的担保关系可视为担保网络，由此得到表3－2分年度担保网络中上市公司数量，由表3－2可知，在2005年担保网络中上市公司数量达到峰值，此后越来越少的上市公司参与到担保网络中。由于担保网络不像连锁董事网络或交叉持股网络那样具有较高的整体密度，本书对担保网络的分析将不在具体计算程度中心度、结构洞等网络结构特征值，而是构造虚拟变量（担保网络），如果企业当年在担保网络中则担保网络＝1，反之担保网络＝0。

表3－2　　　　分年度担保网络中上市公司数量

年份	数量（家）	占比（%）	累计占比（%）
2003	114	13.83	13.83
2004	107	12.99	26.82
2005	116	14.08	40.9
2006	99	12.01	52.91
2007	69	8.37	61.29
2008	63	7.65	68.93
2009	47	5.7	74.64
2010	41	4.98	79.61
2011	34	4.13	83.74
2012	38	4.61	88.35
2013	23	2.79	91.14
2014	23	2.79	93.93
2015	18	2.18	96.12
2016	14	1.7	97.82

续表

年份	数量（家）	占比（%）	累计占比（%）
2017	9	1.09	98.91
2018	9	1.09	100
总计	824	100	

资料来源：万得（Wind）数据库资料整理所得。

3.5 本章小结

社会网络分析方法为本书的研究提供了基础，可以使本书对公司之间关系网络的分析不仅是停留在理论层面，而是将网络关系问题进行可视化、数据化，进而可以采用其他计量方法对问题进行探讨。关于不同方法衡量的中心度，拉克尔等（Larcker et al.，2012）将不同方法计算的中心度指数进行排序后分别赋值然后相加，这种方法虽然可以较好地综合各指标，进而得到综合的中心度指标，但由于没有能够区分节点不同细节的重要性，可能会导致忽视某类中心度的重要性。因此，本书分别考察同一节点不同计算方法下的中心度影响。

由于上市公司对信息的披露较为完整，管理机制较为健全，存在时间较长，信息可以公开获得，本书主要研究上市公司的关系网络。由于上市公司没有提供完备的供应链信息，因此没有办法获得制造业上市公司的供应商与客户名称，也就没有办法建立明晰的供应链网络，所以本书仅考虑了上市公司以连锁董事关系为代表的人际关系、以交叉持股关系为代表的利益关系以及以相互担保关系为代表的信用关系对上市公司高质量发展的影响。

根据上文分析，可以看出上市公司间的连锁董事网络关系呈现逐年上升趋势，公司间以连锁董事关系为代表的人际关系较为密集，分行业来看，制造业上市公司占比最高，计算机、通信和其他电子设备制造业这一细分行业内拥有连锁董事的公司最多，化学原料和化学制品制造业以及电气机械和器材制造业这两个细分行业次之；上市公司间的交叉持股网络关系呈现先上升后下降的趋势，公司间以交叉持股关系为代表的利益关系先是快速发展而后作出调整，仍是制造业上市公司交叉持股比例最高，计算机、通信和其他电子设备制造业占比最高，不同于连锁董事网络中的行业结构，交叉持股网络中医药制造业类上市公司的数量较多，排在第二位；上市公司间的担保网络关系较为明晰的呈现下降趋势，担保网络弊端逐渐被上市公司认识到，逐渐减少加入担保网络。

第4章　企业网络嵌入与全要素生产率

4.1　连锁董事、债务成本与全要素生产率

4.1.1　理论分析与研究假说

连锁董事是指同时在两家或者两家以上企业董事会任职的董事。由于董事存在双重或者多重任职关系，由此所构成的直接或者间接的企业连接关系集合也就是连锁董事网络（Kilduff & Tsai，2003）。连锁董事在中国上市公司中较为普遍，卢昌崇和陈仕华（2009）指出在1999～2007年间A股上市公司样本中，约有72.13%的公司拥有至少一个连锁董事。而全要素生产率的提升是我国经济高质量发展的重要表现，上市公司作为经济发展中最具代表性的微观个体，其发展质量构成国民经济发展质量的基础，因此探究连锁董事网络对上市公司发展质量的影响就显得尤为重要。

研究连锁董事网络对企业行为与经济后果影响的文献有很多。在影响企业行为方面，陈运森（2012）研究发现，上市公司的独立董事网络对公司的信息披露质量有影响，越处于中心位置的公司，其信息披露质量越好；蔡（Cai，2014）的研究指出，在美国连锁董事公司中，存在季度业绩指引信息披露方面的模仿行为；在影响企业经济后果方面，蔡和塞维利尔（Cai & Sevilir，2011）指出，在企业进行

收购行为时，如果收购方与目标公司董事会之间拥有同一名董事，那么收购方将获得更高的收购溢价。

由于连锁董事网络具有良好的信息传递功能（Haunschild，1993），在连锁董事网络中占据中心位置的企业，能够通过连锁董事更便捷地与网络中其他公司进行信息交流，因此，处于中心位置的企业信息不对称程度较低，该类公司的董事会在作出决策时，就不易产生由于信息不全面而导致的失误。并且企业可以通过连锁董事网络获得更多资源，当企业处于中心位置时更容易通过连锁董事与其他公司发生联系，在资源共享与互惠互利方面更有优势，更容易获得其他上市公司的资源与资金支持。所以在网络中，占据中心位置的企业能够更好地进行资源配置，也就具有更高的全要素生产率。基于此，提出以下假说：

假说一：在连锁董事网络中占据中心位置的企业具有更高的全要素生产率。

企业中的董事可以大致分为两类，一类是内部董事也即执行董事，另一类是外部董事，也即非执行董事。内部董事多数是公司的管理人员也是公司的内部成员，因为工作原因有较多接触，所以内部董事相互之间的联系比较密切。外部董事参与公司事务的时间较短，相互之间的工作交集也不多，因此，外部董事更有可能带来具有异质性的信息，这些信息不是源于他们所共同任职的企业，而是他们的其他任职单位。

基于内部董事关系形成的连接，更像是一种强连接，因为由于内部董事参与公司事务的研究较多，内部董事之间的信息同质性很强。而基于独立董事的外部连锁董事网络同质性很弱，是一种可以充当“信息桥”的弱连接（Granovetter，1973）。由于内部董事和外部董事的职能与性质存在较大差异，因此有必要将两者分开考虑，即分别建立内部董事网络和外部董事网络，现有文献鲜有考察不同性质的连锁董事网络对企业全要素生产率的影响，因此本书将考察两者的不同作用。并且，根据连锁董事网络的性质，外部连锁董事网络在传递异质性信息方面更有优势，本书认为外部董事网络位置对企业全要素生产率的影响更大。基于此，提出以下假说：

假说二：连锁董事网络效应在内部董事网络与外部董事网络之间存在异质性。

由于资源依赖理论认为，连锁董事可以作为企业相互协调、互利共赢的桥梁，一些企业可以通过连锁董事建立关联、获得资源进而降低生产成本、交易成本（Allen & Burt，1985）。而在我国企业普遍面临的一个重要成本就是融资成本，如果企业在连锁董事网络中处于优势位置，那么企业更有可能以一个较低的成本获得资金。虽然企业可以通过股权和债权两种方式融资，但当企业上市后，连锁董事网络带来的资源主要是债权融资方面的，因此，本书认为当企业处于连锁董事网络中心位置时，企业的债务成本更低。

当企业能够以较低的成本获得资金时，企业的融资约束相应减少，进而可以优化资源配置，将资金投入到更合适的部门。因此，当企业债务成本较低时，企业的全要素生产率会提高。也就是说，连锁董事网络的位置优势通过更低的债务成本，影响了企业的全要素生产率，即债务成本在连锁董事网络与企业全要素生产率的关系中起到了中介作用。基于此，提出以下假说：

假说三：在连锁董事网络占据中心位置的企业具有更低的债务成本，进而提高了全要素生产率。

4.1.2 数据样本和模型设定

由于全要素生产率的计算在不同行业间存在较大差别，制造业上市公司在连锁董事网络中占据绝对多的数量，为了保证分析结果的有效性，本章分析选用我国A股制造业上市公司2009~2017年的数据，对研究假说进行分析与检验。之所以选择2009年之后的数据，一方面是因为2009年之后的数据有效避免了2008年金融危机带来的影响，另一方面是因为2009年之后上市公司对治理数据披露的更全面。本章数据来自于国泰安数据库和Wind数据库，对所有连续变量进行了Winsorize缩尾处理（上下1%分位数）。为了验证前文假说，将模型设定如下：

$$TFP_{i,t} = \beta_0 + \beta_1 Network_{i,t-1} + \sum \beta_k Control_{i,t} + \sum Year + \sum Ind + \varepsilon_{i,t} \tag{4.1.1}$$

其中，TFP 表示制造业上市公司的全要素生产率，Network 表示根据连锁董事网络（包括内部董事网络和外部董事网络）计算的中心度和结构洞等变量，Control 是控制变量的集合，ε 是残差项，此外回归中还控制了年份和行业变量。

为了验证假说三，本书参照温忠麟（2014）的研究设定模型（4.1.2）和（4.1.3），其中 Debt 是上市公司的债务成本。

$$Debt_{i,t} = \alpha_0 + \alpha_1 Network_{i,t-1} + \sum \alpha_k Control_{i,t} + \sum Year + \sum Ind + \varepsilon_{i,t} \tag{4.1.2}$$

$$TFP_{i,t} = \gamma_0 + \gamma_1 Network_{i,t-1} + \gamma_2 Debt_{i,t} + \sum \gamma_k Control_{i,t} + \sum Year + \sum Ind + \varepsilon_{i,t} \tag{4.1.3}$$

被解释变量：现有研究中，测算全要素生产率的方法主要有 OLS、FE、OP 和 LP 等。其中，OLS 和 FE 方法会损失大量有效信息且无法有效解决内生性问题，导致测算出的企业全要素生产率有偏差，奥利和帕克斯（Olly & Pakes，1996）通过采用半参数方法估算出四位行业层面的生产函数，进而得到微观企业层面全要素生产率的一致估计量。莱文森和佩特里（Levinsohn & Petrin，2003）通过以对数形式的中间品投入衡量模型中不可观测的生产率冲击以消除混合性偏误并控制选择性偏误，从而更好地规避内生性问题，得到更为稳健的企业全要素生产率。因此，本书采用 LP 方法，测算上市公司的全要素生产率。

同时，使用广义距估计方法（GMM）进行企业全要素生产率的计算，提供稳健性检验（任胜钢等，2019）。由于优秀的公司会倾向于雇用社会关系良好的董事，因此，从公司业绩到董事会网络可能存在反向因果关系。其次，一些特定的公司特征（如以往的公司业绩）可能同时影响公司价值和董事会网络。为了控制研究潜在的内生性问题，在下面的回归模型中使用中心性度量的一年期滞后值（Horton et al.，2012）。其理念是，尽管企业绩效会影响董事会网络，反之亦然，但企业绩效不太可能影响董事会网络的过去价值。

解释变量：根据企业连锁董事网络计算的企业结构洞特征（结构洞限制度）以及网络中心度，包括程度中心度、加权程度中心度、中介中心度和接近中心度及根据内部董事网络和外部董事网络分别计算的网络特征值，为了加以区分，本书中根据整体连锁董事网络计算的网络特征值加上后缀“全”，根据内部连锁董事网络计算的网络特征值加上后缀“内”，根据外部连锁董事网络计算的网络特征值加上后缀“外”。

中介变量：根据蒋琰（2009）的研究，本书债务成本使用利息总支出与负债合计的比值计算。

控制变量：根据钱雪松（2018）选取企业资产规模（SIZE）、年龄（AGE）、托宾 Q、资产负债率（LEV）和盈利能力（ROA）作为控制变量。本章节的分析还控制了企业的固定资产占比（固定资产/总资产），因为企业的资产比例对全要素生产率有重要影响。

如表 4-1 描述性统计所示，我国 A 股制造业上市公司的全要素生产率存在较大差异，但 25% 和 75% 分位数差异不大，由此可以看出，较好和较差的公司占比较少，而中间的公司占比较多。由于企业年龄是企业成立时间的对数形式，而我国存在上市公司的年限较短，因此上市公司间的年龄差异较小，企业的“托宾 Q”系数普遍大于 1，即企业的市场价值大于其重置成本，企业有较高的投资需求。制造业上市公司的总资产回报率平均约为 4.05%，最高的制造业上市公司则达到了 22.01%。固定资产占比方面，占比最低的公司固定资产仅有 0.94%，而占比最高的公司可达 66.06%，但平均而言，制造业上市公司的固定资产比例约为 23.60%。

表4-1 描述性统计

变量	mean	p25	p50	p75	min	max
TFP_LP	14.1704	13.5649	14.0935	14.7044	11.6656	16.6264
结构洞限制度_全	0.4422	0.2482	0.3562	0.5179	0.0813	1.3281
程度中心度_全	0.0020	0.0010	0.0018	0.0027	0.0003	0.0120
加权程度中心度_全	0.0021	0.0011	0.0018	0.0028	0.0003	0.0127
接近中心度_全	0.1677	0.1552	0.1727	0.1879	0.0006	0.2365
中介中心度_全	0.0017	0.0000	0.0009	0.0023	0.0000	0.0335
AGE	2.7211	2.4849	2.7726	2.9444	0.6931	4.1271
托宾Q	3.0044	1.6402	2.3494	3.6228	0.9400	13.1417
ROA	0.0405	0.0139	0.0395	0.0700	-0.2424	0.2201
LEV	0.4050	0.2310	0.3880	0.5597	0.0467	1.1285
SIZE	21.7779	20.9422	21.6453	22.4230	19.1204	25.1952
固定资产占比	0.2360	0.1259	0.2080	0.3213	0.0094	0.6606

资料来源：样本数据统计分析所得。

4.1.3 基准回归结果

如表4-2所示，连锁董事网络位置对制造业上市公司全要素生产率的影响很显著。具体而言，当制造业上市公司的结构洞限制度较高，即公司不处于结构洞位置时，公司的全要素生产率低于处于结构洞位置的企业。制造业上市公司的程度中心度越大，公司通过连锁董事直接连接的其他上市公司就越多，公司的全要素生产率越大。加权程度中心度也正向显著，即企业直接连接到的上市公司越多、联系强度越大，公司的全要素生产率越高。中介中心度显著为正则表示，公司在充当其他上市公司间的桥梁时，其位置优势也有助于其资源配置的优化。接近中心度刻画了制造业上市公司接近其他上市公司的程度，该指标正向显著说明，当制造业上市公司越容易通过连锁董事网络接触到其他上市公司时，企业的资源配置能力越好。

表 4 - 2　　连锁董事网络与全要素生产率

	(1)	(2)	(3)	(4)	(5)
L. 结构洞限制度_全	-0.5413 *** (-9.7625)				
L. 程度中心度_全		127.6053 *** (10.0995)			
L. 加权程度中心度_全			126.7124 *** (10.8516)		
L. 中介中心度_全				64.5117 *** (10.1829)	
L. 接近中心度_全					4.0324 *** (8.7799)
常数项	14.8289 *** (94.1938)	14.2677 *** (93.7190)	14.2555 *** (93.5844)	14.3985 *** (96.0626)	13.9841 *** (87.5378)
行业	控制	控制	控制	控制	控制
年份	控制	控制	控制	控制	控制
N	10085	10085	10085	10085	10085
R^2	0.1529	0.1633	0.1687	0.1641	0.1491

注：括号内为 t 值，*** 、** 与 * 分别表示 1%、5% 与 10% 的显著性水平。

如表 4 - 3 所示，在添加控制变量后，影响仍然显著，即处于优势位置的上市公司具有更高的全要素生产率。控制变量方面，企业资产规模、年龄、资产负债率和盈利能力对公司全要素生产率有正向影响，固定资产占比对公司全要素生产率有负向影响，与现有研究基本一致。

表 4 - 3　　连锁董事网络与全要素生产率（添加控制变量）

	(1)	(2)	(3)	(4)	(5)
L. 结构洞限制度_全	-0.0754 *** (-2.5811)				

续表

	(1)	(2)	(3)	(4)	(5)
L. 程度中心度_全		19.8908*** (3.3994)			
L. 加权程度中心度_全			21.1999*** (3.7814)		
L. 中介中心度_全				7.5579*** (2.8277)	
L. 接近中心度_全					0.4269* (1.7962)
AGE	0.0887*** (2.6073)	0.0874** (2.5700)	0.0856** (2.5141)	0.0882*** (2.5931)	0.0889*** (2.6149)
托宾Q	-0.0091 (-1.3895)	-0.0091 (-1.3930)	-0.0091 (-1.3855)	-0.0093 (-1.4176)	-0.0093 (-1.4147)
ROA	3.2250*** (16.5405)	3.2168*** (16.4948)	3.2119*** (16.4875)	3.2292*** (16.5399)	3.2264*** (16.5265)
LEV	0.5805*** (8.2240)	0.5809*** (8.2327)	0.5811*** (8.2396)	0.5825*** (8.2439)	0.5822*** (8.2390)
SIZE	0.5505*** (43.5311)	0.5488*** (43.1487)	0.5481*** (43.0513)	0.5493*** (42.9170)	0.5512*** (43.4882)
固定资产占比	-1.1356*** (-13.2389)	-1.1353*** (-13.2509)	-1.1350*** (-13.2465)	-1.1327*** (-13.2152)	-1.1353*** (-13.2358)
常数项	2.3383*** (7.8834)	2.2961*** (7.8058)	2.3119*** (7.8432)	2.3079*** (7.8021)	2.2229*** (7.6431)
行业	控制	控制	控制	控制	控制
年份	控制	控制	控制	控制	控制
N	10085	10085	10085	10085	10085
R^2	0.7320	0.7323	0.7326	0.7320	0.7318

注：括号内为t值，***、**与*分别表示1%、5%与10%的显著性水平。

4.1.4 债务成本中介效应检验

为了验证债务成本的中介作用，本书参考温忠麟（2014）的研究，分别考察连锁董事网络特征对制造业上市公司债务成本的影响，以及连锁董事网络特征和债务成本对制造业上市公司全要素生产率的影响。如表4-4所示，当制造业上市公司在连锁董事网络中处于劣势位置，如公司的结构洞限制度较高，其债务成本也较高，即不存在债务融资优势。而制造业上市公司如果在连锁董事网络中处于优势位置，如上市公司的程度中心度较高，那么公司可以通过连锁董事网络获得更多的信用支持，从而有较低的债务成本。与之类似，制造业上市公司的加权中心度、接近中心度和中介中心度也在不同角度刻画了企业的连锁董事网络位置，则处于中心位置的企业有更低的债务成本。

表4-4 连锁董事网络与债务成本

	(1)	(2)	(3)	(4)	(5)
L. 结构洞限制度_全	0.0007 * (1.9132)				
L. 程度中心度_全		-0.1994 * (-1.7831)			
L. 加权程度中心度_全			-0.0001 ** (-2.0232)		
L. 中介中心度_全				-0.0782 * (-1.7590)	
L. 接近中心度_全					-0.0101 * (-1.8429)
常数项	0.0356 *** (5.1818)	0.0360 *** (5.3944)	0.0388 *** (5.8010)	0.0359 *** (5.3443)	0.0367 *** (5.5449)

续表

	(1)	(2)	(3)	(4)	(5)
控制变量	控制	控制	控制	控制	控制
行业	控制	控制	控制	控制	控制
年份	控制	控制	控制	控制	控制
N	9206	9206	9206	9206	9206
R^2	0.2947	0.2948	0.2952	0.2947	0.2949

注：括号内为t值，***、**与*分别表示1%、5%与10%的显著性水平。

中介效应最后一步检验是考察连锁董事网络特征和债务成本对制造业上市公司全要素生产率的影响，如表4－5所示，债务成本对制造业上市公司全要素生产率的影响显著为负，即债务成本越高公司资源配置能力越弱，而公司在连锁董事网络中越处于中心位置其全要素生产率越高。结合表4－3和表4－5，可以看出，连锁董事网络位置优势可以降低制造业上市公司的债务成本，而债务成本低的公司具有更高的全要素生产率，即连锁董事网络可以通过影响公司的债务成本进而影响企业的全要素生产率，债务成本具有中介效应。

表4－5　　债务成本的中介效应

	(1)	(2)	(3)	(4)	(5)
债务成本	－2.1858*** (－2.7173)	－2.1680*** (－2.6950)	－2.1362*** (2.6552)	－2.1843*** (－2.7135)	－2.1829*** (－2.7096)
L. 结构洞限制度_全	－0.0918*** (－2.9929)				
L. 程度中心度_全		22.3301*** (3.6887)			
L. 加权程度中心度_全			0.0102*** (4.1131)		

续表

	(1)	(2)	(3)	(4)	(5)
L. 中介中心度_全				8.5863*** (3.1196)	
L. 接近中心度_全					0.4933** (1.9690)
常数项	2.3769*** (7.8248)	2.3107*** (7.6995)	2.3453*** (7.8175)	2.3272*** (7.7045)	2.2339*** (7.5394)
控制变量	控制	控制	控制	控制	控制
行业	控制	控制	控制	控制	控制
年份	控制	控制	控制	控制	控制
N	9206	9206	9206	9206	9206
R^2	0.7230	0.7234	0.7237	0.7230	0.7227

注：括号内为t值，***、**与*分别表示1%、5%与10%的显著性水平。

4.1.5 董事性质异质性分析

为了分别考察外部连锁董事网络与内部连锁董事网络对制造业上市公司全要素生产率的影响，本书分别构建了外部与内部董事网络，并计算出了相应的结构洞特征、程度中心度、加权中心度、中介中心度和接近中心度数值，通过回归分析发现，外部连锁董事网络特征对上市公司全要素生产率影响显著，内部连锁董事网络特征对上市公司全要素生产率影响不显著，也即相较于内部连锁董事网络，外部连锁董事网络更能够使企业优化资源配置。

与前文分析一致，表4-6与表4-7的回归结果显示，由独立董事构成的外部董事网络的位置优势对制造业上市公司全要素生产率具有显著增强作用，而内部董事网络并没有显著影响。这也验证了前文的弱连接理论，即由于弱连接存在更多的异质性，因此在整合信息方面更具优势。由于弱连接位置优势更能提升制造业上市公司的全要素生产率，因此企业在聘用外部董事时，应重点关注那些具有位置优势的独立董事。

表 4－6　　外部连锁董事网络与全要素生产率

	(1)	(2)	(3)	(4)
L. 结构洞限制度_外	－0. 0659 ** (－2. 3837)			
L. 程度中心度_外		17. 6806 *** (2. 8381)		
L. 中介中心度_外			5. 4280 *** (2. 9405)	
L. 接近中心度_外				0. 3459 * (1. 6734)
常数项	2. 1320 *** (7. 1162)	2. 0614 *** (6. 9663)	2. 1004 *** (7. 0888)	2. 0454 *** (6. 9374)
控制变量	控制	控制	控制	控制
行业	控制	控制	控制	控制
年份	控制	控制	控制	控制
N	9685	9685	9685	9685
R^2	0. 7308	0. 7310	0. 7309	0. 7307

注：括号内为 t 值，*** 、** 与 * 分别表示 1% 、5% 与 10% 的显著性水平。

表 4－7　　内部连锁董事网络与全要素生产率

	(1)	(2)	(3)	(4)
L. 结构洞限制度_内	－0. 0759 (－0. 9448)			
L. 程度中心度_内		7. 2393 (0. 5631)		
L. 中介中心度_内			80. 1350 (1. 1411)	

续表

	(1)	(2)	(3)	(4)
L. 接近中心度_内				6.7072 (0.9735)
常数项	1.8322 *** (3.7262)	1.7185 *** (3.7804)	1.7347 *** (3.8040)	1.7338 *** (3.7961)
控制变量	控制	控制	控制	控制
行业	控制	控制	控制	控制
年份	控制	控制	控制	控制
N	3207	3207	3207	3207
R^2	0.7456	0.7454	0.7454	0.7455

注：括号内为 t 值，*** 、** 与 * 分别表示 1%、5% 与 10% 的显著性水平。

4.1.6 进一步分析

蔡（Tsai，2001）经过研究指出，如果企业在网络中占据中心位置，那么在获取新知识和信息方面会获取更有利的地位，而这些新知识和信息能够使企业从事更多的创新活动。陈维涛等（2018）指出企业创新能够带来企业生产率水平的提高。因此，可以以此为桥梁，通过验证企业连锁董事对企业创新的影响，间接验证其对企业全要素生产率的作用。创新是企业可持续发展的源动力，是企业竞争力的主要来源，《中国制造 2025》规划指出制造业企业应该将企业创新作为企业发展的核心战略。由于企业创新行为的预期回报具有不确定性和长周期性等特征，企业在进行创新投入时不仅需要参照公司自身已有经验和战略规划，往往还需要对其他同类型公司的创新经验进行借鉴，把握行业创新动向。尽管当今社会处于互联网时代，可以从互联网获取大量信息，但是企业不会将自身的创新战略全部公开，而连锁董事往往是企业的内部员工，是企业战略的制定者与执行者，他们所掌握的信息精度远高于互联网上的信息。正是因为连锁董事传递信息的渠道可靠而且迅速，因此比其他信息传递机制获得了更大的影响力

（Haunschild，1993）。

因此，拥有连锁董事较多的企业可以更为及时和准确地了解其他企业的创新活动，借鉴其他公司成功的创新活动经验。处于连锁董事网络中心位置的企业则可以更为清晰地看清行业内、甚至行业间的创新趋势，快速进行创新战略实施与调整。在连锁董事网络中占据中心位置的企业由于能够及时地获得与创新有关的资讯，迅速地把握创新动向，以及较好地借鉴其他公司成功的创新经验，因此，这类企业在创新活动方面占据更高的话语权，也就会更愿意增加公司的创新投入。

与前文一致，本章选取制造业上市公司2009～2017年的数据进行实证检验，为了验证以上假说，参考王营和张光利（2018）的研究，将模型设定如下：

$$Inno\_input_{i,t} = \beta_0 + \beta_1 Network_{i,t-1} + \sum \beta_k Control_{i,t} + \sum Year + \sum Ind + \varepsilon_{i,t} \quad (4.1.4)$$

其中，Inno_input表示制造业上市公司的创新投入，Network表示根据连锁董事网络（包括内部董事网络和外部董事网络）计算的中心度和结构洞等变量，Control是控制变量的集合，ε是残差项，此外回归中还控制了年份和行业变量。为了验证假说三，还设定模型（4.1.5）和（4.1.6），其中Patent_app表示专利申请，是专利申请量加1的自然对数，其中Patent_aut表示专利授权，是专利授权量加1的自然对数：

$$Patent\_app_{i,t} = \beta_0 + \beta_1 Network_{i,t-1} + \sum \beta_k Control_{i,t} + \sum Year + \sum Ind + \varepsilon_{i,t} \quad (4.1.5)$$

$$Patent\_aut_{i,t} = \beta_0 + \beta_1 Network_{i,t-1} + \sum \beta_k Control_{i,t} + \sum Year + \sum Ind + \varepsilon_{i,t} \quad (4.1.6)$$

本章中的被解释变量是制造业上市公司的创新投入。由于本书主要研究制造业上市公司创新投入情况，因此，采用研发投入占总资产的比重作为创新投入的衡量指标（周建等，2012；周瑜胜和宋光辉，

2016）。

本章中的解释变量是制造业上市公司连锁董事网络相关指标，根据沃特·德·诺伊等（2012）的方法，利用 Pajek 软件得出了根据企业连锁董事网络计算的制造业上市公司结构洞特征及网络中心度，以及根据内部董事网络和外部董事网络分别计算的网络特征值。这些指标的具体度量方法在前面章节已经介绍，此处不再赘述。

控制变量除了包括制造业上市公司年龄（AGE）、“托宾 Q”系数（托宾 Q）、企业盈利能力（ROA）、企业性质（SOE）、资产负债率（LEV）和企业资产规模（SIZE）外，本书选择了影响制造业上市公司创新投入的两个重要变量，一个是企业的融资约束程度的 KZ 指数，另一个是政府补贴。因为存在融资约束的企业往往会缩减风险比较高的研发投入，而获得政府补贴的企业则会进行更多的研发投入，政府补助数据从国泰安数据库上市公司营业外收入获得。

根据表 4－8 描述性统计结果可以看出，不同制造业上市公司的创新投入比重存在较大差异，平均而言研发投入占总资产的比重约为 2%，存在一些制造业上市公司并没有创新投入，而有些制造业上市公司的创新投入比重达到 50% 以上，可见，创新投入作为制造业上市公司重要战略之一存在较高的异质性。在样本企业中，非国有企业的比重偏高，存在融资约束的企业比例偏高，获得政府补助资金的差异较大。

表 4－8　　描述性统计

变量	mean	p25	p50	p75	min	max
结构洞限制度_全	0.4422	0.2482	0.3562	0.5179	0.0813	1.3281
程度中心度_全	0.0020	0.0010	0.0018	0.0027	0.0003	0.0120
加权程度中心度_全	0.0021	0.0011	0.0018	0.0028	0.0003	0.0127
接近中心度_全	0.1677	0.1552	0.1727	0.1879	0.0006	0.2365
中介中心度_全	0.0017	0.0000	0.0009	0.0023	0.0000	0.0335
KZ 指数	0.4172	－0.5141	0.5673	1.4225	－14.9174	12.7900

续表

变量	mean	p25	p50	p75	min	max
政府补助	13.0951	13.8584	15.5831	16.6948	0.0000	21.8598
创新投入	0.0200	0.0089	0.0175	0.0268	0.0000	0.5629
AGE	2.7211	2.4849	2.7726	2.9444	0.6931	4.1271
托宾 Q	3.0044	1.6402	2.3494	3.6228	0.9400	13.1417
ROA	0.0405	0.0139	0.0395	0.0700	-0.2424	0.2201
SOE	0.3310	0.0000	0.0000	1.0000	0.0000	1.0000
LEV	0.4050	0.2310	0.3880	0.5597	0.0467	1.1285
SIZE	21.7779	20.9422	21.6453	22.4230	19.1204	25.1952

资料来源：样本数据统计分析所得。

连锁董事网络对制造业上市公司创新投入影响的实证结果如表 4 -9 所示，结构洞特征负向影响了制造业上市公司的创新投入，由于本书中结构洞的衡量主要采用"限制度"指标衡量，表示了节点在网络中接触其他节点所受到的限制，因此，结构洞值越大，制造业上市公司在网络中受到的限制越大，制造业上市公司的创新投入也就越少。这说明制造业上市公司在连锁董事网络关系中，如果在与其他公司接触时受到了很多限制，那么企业的创新投入会相应减少。

表 4 -9　　　连锁董事网络与创新投入

	(1)	(2)	(3)	(4)	(5)
L. 结构洞限制度_全	-0.0017* (-1.8018)				
L. 程度中心度_全		0.3736* (1.8489)			
L. 加权程度中心度_全			0.3341* (1.7867)		
L. 中介中心度_全				0.0735 (0.6958)	

续表

	(1)	(2)	(3)	(4)	(5)
L. 接近中心度_全					0.0121 * (1.6733)
常数项	0.0100 *** (4.3167)	0.0084 *** (3.5837)	0.0084 *** (3.6028)	0.0090 *** (3.8939)	0.0075 *** (2.9884)
行业	控制	控制	控制	控制	控制
年份	控制	控制	控制	控制	控制
N	9479	9479	9479	9479	9479
R^2	0.1704	0.1706	0.1706	0.1699	0.1703

注：括号内为 t 值，*** 、** 与 * 分别表示 1% 、5% 与 10% 的显著性水平。

在连锁董事网络的中心度指标中，制造业上市公司的程度中心度、加权程度中心度以及接近中心度指标均对公司的创新投入有正向影响，即制造业上市公司在网络中越是占据中心位置，公司的创新投入会越多。而且当考虑到企业的加权中心度时，这一现象也比较明显，即制造业上市公司在连锁董事网络中与其他公司的连接越多，制造业上市公司越愿意增加创新投入。接近中心度指标与制造业上市公司创新投入的正相关关系则表明，制造业上市公司在连锁董事网络中越是容易连接到其他企业，企业的创新投入越多，这与本章的理论分析一致。尽管中介中心度指标不显著，但仍然为正值，与本章研究假说具有一致性。

为了进一步验证结论为稳健性，表 4 – 10 列出了添加控制变量后的回归结果，控制变量回归结果显示，企业年龄越大，企业的创新投入越少，这可能是因为新成立的企业为抢占市场往往会探索新的领域，因此年轻的企业会加大创新投入力度，托宾 Q 值与企业创新投入正相关，即企业市场价值越大，其创新投入意愿越强，企业的总资产报酬率与企业创新投入也呈正相关关系，即企业盈利能力为其创新投入提供了保障。解释变量回归结果与表 4 – 9 基本相同，企业在连锁董事网络中受到的限制越多，企业的创新投入越少，而企业在连锁董事网络中的网络位置越好，企业的创新投入越多。

表4－10　　连锁董事网络与创新投入（添加控制变量）

	(1)	(2)	(3)	(4)	(5)
L. 结构洞限制度_全	-0.0030*** (-3.2513)				
L. 程度中心度_全		0.6247*** (3.0519)			
L. 加权程度中心度_全			0.5795*** (3.0472)		
L. 中介中心度_全				0.2008* (1.8522)	
L. 接近中心度_全					0.0228*** (3.0769)
AGE	-0.0020* (-1.7080)	-0.0020* (-1.7467)	-0.0020* (-1.7842)	-0.0020* (-1.7130)	-0.0020* (-1.7123)
托宾Q	0.0011*** (3.6078)	0.0011*** (3.6167)	0.0011*** (3.6243)	0.0011*** (3.6072)	0.0011*** (3.5926)
ROA	0.0396*** (6.0530)	0.0394*** (6.0239)	0.0393*** (6.0135)	0.0396*** (6.0640)	0.0396*** (6.0566)
SOE	0.0004 (0.4797)	0.0004 (0.4971)	0.0003 (0.4279)	0.0004 (0.5603)	0.0004 (0.5069)
LEV	-0.0021 (-1.0238)	-0.0021 (-1.0169)	-0.0021 (-1.0108)	-0.0020 (-0.9636)	-0.0020 (-0.9924)
SIZE	-0.0007 (-1.5662)	-0.0008 (-1.6367)	-0.0008 (-1.6374)	-0.0007 (-1.5868)	-0.0007 (-1.5699)
KZ指数	-0.0003 (-1.3013)	-0.0003 (-1.2779)	-0.0003 (-1.2700)	-0.0003 (-1.3462)	-0.0003 (-1.2999)
政府补助	0.0001 -1.2042	0.0001 -1.1783	0.0001 -1.1796	0.0001 -1.1851	0.0001 -1.2202

续表

	(1)	(2)	(3)	(4)	(5)
常数项	0.0339 *** (3.1771)	0.0323 *** (3.0188)	0.0325 *** (3.0338)	0.0325 *** (3.0520)	0.0288 *** (2.6364)
行业	控制	控制	控制	控制	控制
年份	控制	控制	控制	控制	控制
N	8594	8594	8594	8594	8594
R^2	0.2234	0.2237	0.2238	0.2223	0.2231

注：括号内为 t 值，*** 、** 与 * 分别表示 1%、5% 与 10% 的显著性水平。

具体而言，结构洞限制度越大表示制造业上市公司在连锁董事网络中处于相对劣势的位置，该位置使制造业上市公司与其他公司的信息沟通较为困难，也就更少地获得相关创新资讯。而程度中心度高则表明制造业上市公司可以通过连锁董事与更多的公司产生连接，制造业上市公司能够在连锁董事一级连接的基础上获取较多信息，而加权程度中心度不仅表示了连接公司的数量还表示了连接公司的程度，两个企业之间的连锁董事越多，制造业上市公司的加权程度中心度越大，也就更容易与连接公司进行信息交流。中介中心度表示企业在多大程度上处于两个企业之间，即中介中心度高的企业能够充当信息传递者，充当企业信息集散地，因此中介中心度越高企业创新信息获取越容易，创新投入越高。接近中心度则表示企业获取其他企业信息的难易程度，当企业的接近中心度较高时，企业可以通过较少的节点企业到达其他企业，因此在获取创新信息方面具有优势，对创新形势的把握也就更准确。

为了验证由独立董事组成的外部董事网络是否比由企业执行董事组成的内部董事网络对制造业上市公司创新投入的影响更大，本书将连锁董事网络分为外部连锁董事网络和内部连锁董事网络，如表 4 - 11 和表 4 - 12 所示，外部连锁董事网络的结构洞、中心度指标的显著性均与整体连锁董事网络相同，限制度指标负向影响了制造业上市公司的创新投入，程度中心度、加权程度中心度、中介中心度和接近中心度指标正向影响了制造业上市公司的创新投入。而由内部连锁董事网络计算的网络特征值对制造业上市公司创新投入的影响均不显著。

表 4 - 11　　　　外部连锁董事网络与创新投入

	(1)	(2)	(3)	(4)
L. 结构洞限制度_外	-0.0022** (-2.4068)			
L. 程度中心度_外		0.5496** (2.4688)		
L. 中介中心度_外			0.1154 (1.5877)	
L. 接近中心度_外				0.0224*** (3.7875)
常数项	0.0230** (2.2019)	0.0205* (1.9397)	0.0212** (2.0232)	0.0201* (1.9001)
控制变量	控制	控制	控制	控制
行业	控制	控制	控制	控制
年份	控制	控制	控制	控制
N	8294	8294	8294	8294
R^2	0.2222	0.2225	0.2216	0.2231

注：括号内为 t 值，***、** 与 * 分别表示 1%、5% 与 10% 的显著性水平。

表 4 - 12　　　　内部连锁董事网络与创新投入

	(1)	(2)	(3)	(4)
L. 结构洞限制度_内	0.0007 (0.3806)			
L. 程度中心度_内		0.1089 (0.3120)		
L. 中介中心度_内			-1.3686 (-0.8710)	

续表

	(1)	(2)	(3)	(4)
L. 接近中心度_内				-0.0013 (-0.0064)
常数项	0.0365** (1.9689)	0.0377** (2.0660)	0.0374** (2.0511)	0.0376** (2.0541)
控制变量	控制	控制	控制	控制
行业	控制	控制	控制	控制
年份	控制	控制	控制	控制
N	2770	2770	2770	2770
R^2	0.2471	0.2471	0.2471	0.2470

注：括号内为 t 值，***、**与*分别表示 1%、5%与 10%的显著性水平。

这一实证结果验证了弱关系的“信息桥”作用，在内、外部连锁董事中，由独立董事担任的连锁董事在信息传递方面具有更大的作用。尽管执行董事对公司的事务更为了解，但独立董事背景具有更高的异质性，可以接触到更加多样化的与创新有关的信息。因此，制造业上市公司在聘用独立董事时，可以优先考虑社会资源丰富、在多家公司任职的人员，以此增加制造业上市公司自身在连锁董事网络位置的优越性，以期获得更多样化的信息。

由于制造业上市公司创新产出成果往往以专利的形式表现出来，因此，考察制造业上市公司专利申请量和授权量，可以在一定程度上揭示制造业上市公司的创新投入情况。表 4-13 为连锁董事网络与专利申请量之间的关系，可以看出，当制造业上市公司的结构洞限制度越高时，公司的专利申请量就越少。而制造业上市公司的程度中心度、加权程度中心度、接近中心度和中介中心度则与专利的申请量呈现正相关关系，这就进一步验证了上文的说法，制造业上市公司处于连锁董事网络中越是中心的位置，公司可以获得的信息越多，公司在创新方面的产出也就越多。

表 4-13　　连锁董事网络与专利申请

	(1)	(2)	(3)	(4)	(5)
L. 结构洞限制度_全	-56.3296** (-2.3904)				
L. 程度中心度_全		2.0e+04** (2.3734)			
L. 加权程度中心度_全			1.7e+04** (2.2699)		
L. 中介中心度_全				1.5e+04** (2.3204)	
L. 接近中心度_全					460.7534*** (2.7494)
常数项	-3.1e+03*** (-4.8910)	-3.1e+03*** (-4.8877)	-3.1e+03*** (-4.8798)	-3.0e+03*** (-5.0388)	-3.2e+03*** (-4.8154)
控制变量	控制	控制	控制	控制	控制
行业	控制	控制	控制	控制	控制
年份	控制	控制	控制	控制	控制
N	9182	9182	9182	9182	9182
R^2	0.1123	0.1144	0.1138	0.1176	0.1123

注：括号内为 t 值，***、** 与 * 分别表示 1%、5% 与 10% 的显著性水平。

连锁董事网络与专利授权量之间的回归结果如表 4-14 所示，不难发现，与专利申请量类似，当制造业上市公司的结构洞限制度越高时，公司的专利授权量就越少。而制造业上市公司的程度中心度、加权程度中心度、接近中心度和中介中心度则与专利的授权量呈现正相关关系，再次验证了上文说法，制造业上市公司的创新产出受到公司在网络中位置的影响，公司越是处于优势位置，公司的创新产出越多。

表 4-14　　连锁董事网络与专利授权

	(1)	(2)	(3)	(4)	(5)
L. 结构洞限制度_全	-34.2585** (-2.4338)				
L. 程度中心度_全		1.2e+04** (2.4105)			
L. 加权程度中心度_全			1.0e+04** (2.2875)		
L. 中介中心度_全				8.5e+03** (2.4380)	
L. 接近中心度_全					288.3940*** (2.8693)
常数项	-2.0e+03*** (-5.4036)	-2.0e+03*** (-5.3996)	-2.0e+03*** (-5.3932)	-1.9e+03*** (-5.5570)	-2.0e+03*** (-5.3127)
控制变量	控制	控制	控制	控制	控制
行业	控制	控制	控制	控制	控制
年份	控制	控制	控制	控制	控制
N	9182	9182	9182	9182	9182
R^2	0.1260	0.1280	0.1275	0.1309	0.1260

注：括号内为 t 值，***、** 与 * 分别表示 1%、5% 与 10% 的显著性水平。

4.1.7 广义矩估计检验

参考布伦德尔和邦德（Blundell & Bond，1998）和任胜钢（2019）的研究，本书运用广义矩估计（GMM）方法计算了制造业上市公司的全要素生产率，并以此为被解释变量进行稳健性检验，如表 4-15 所示，连锁董事网络位置特征变量仍然显著，处于中心位置的上市公司具有更高的全要素生产率。

表 4－15　　稳健性检验（GMM 算法求 TFP）

	(1)	(2)	(3)	(4)	(5)
L. 结构洞限制度_全	－0.0753** (－2.3235)				
L. 程度中心度_全		24.4834*** (3.6434)			
L. 加权程度中心度_全			26.6384*** (4.2871)		
L. 中介中心度_全				8.3805*** (2.6838)	
L. 接近中心度_全					0.6878*** (2.6062)
常数项	5.8590*** (18.9369)	5.8261*** (19.0802)	5.8526*** (19.1515)	5.8310*** (18.9079)	5.7429*** (18.8679)
控制变量	控制	控制	控制	控制	控制
行业	控制	控制	控制	控制	控制
年份	控制	控制	控制	控制	控制
N	10025	10025	10025	10025	10025
R^2	0.5032	0.5043	0.5050	0.5034	0.5033

注：括号内为 t 值，***、** 与 * 分别表示 1%、5% 与 10% 的显著性水平。

4.2　交叉持股、大股东掏空与全要素生产率

4.2.1　理论分析与研究假说

交叉持股是企业间相互持有股票的现象，沃纳雷特等（Werner et al.，2007）认为两个企业直接相互持股形成了交叉持股现象，而迪森巴赫和特穆尔肖耶夫（Dietzenbacher & Temurshoev，2008）指出

多个企业间的间接交叉持股也是值得关注的交叉持股现象。近年来，关于交叉持股的研究逐渐增多，交叉持股以其独特的存在形式成为企业相互关联的重要途径，也逐渐受到公司管理层的重视。

交叉持股可以使持股企业对被持股企业的监管增强，交叉持股对企业的正面影响可以通过避免管理层的无效率行为（Sinha，1998）、降低公司管理层的道德风险和管理机会主义体现（Gilson & Roe，1993）。姜和金（Jiang & Kim，2000）以日本公司为样本的研究表明，交叉持股是缓解日本股市信息不对称的重要制度因素。迪森巴赫（2000）通过分析荷兰金融业的企业，比较持股和不持股的情况发现，价格—成本利润率在伯特兰市场高达2%，在古诺市场高达8%。也即交叉持股降低了持股双方的谈判成本，从而提高了交叉持股企业的市场力量，增加了企业的利润率。交叉持股网络对企业的影响还体现在规避交易风险、抵制恶意收购和获取垄断利润等方面，有关于企业交叉持股对其全要素生产率影响的研究并不多。

由于交叉持股使企业与其持股或被持股公司形成了相对较强的利益关联关系，交叉持股企业之间形成利益共同体，因此，他们相互之间的信息不对称程度较低。交叉持股使企业在资源配置时，可以获得更全面的信息，减少资源错配的情况。而交叉持股的利益共同体关系也增强了公司之间的相互监管情况，当一个公司持有另一家公司的股票时，持股公司为了保障自身权益，有动机去监管被持股企业，由于公司之间的关联比较密切，其监管效果也较好。因此，当企业受到来自其他公司的监管时，也会更加谨慎对待各种风险，减少管理层利益侵占等有损公司利益与效率的行为。综上，交叉持股会对企业产生降低信息不对称、增强外部监管的作用，从而提升企业的全要素生产率，那么在交叉持股网络中处于中心位置的企业会具有更高的全要素生产率。因此，可以提出以下假说：

假说一：在交叉持股网络中占据中心位置的企业具有更高的全要素生产率。

上市公司持股其他上市公司是企业的发展战略也是企业的投资决策，那么与之相关的问题就是，公司为什么会作出这种决策，以及什么样的公司更愿意去持股其他上市公司。由于企业的决策往往是由公司的管理层作出的，而公司的首席执行官作为公司的执行代表，通常会根据自己过往的经验进行决策，即根据“烙印理论”，管理层的经历会在其身上形成“印记”，而这些“印记”由于惯性的存在，对印记主体产生持续的影响。由于持股行为是金融相关行为，管理层的金融背景会不会对上市公司的交叉持股行为产生影响呢？

有研究表明，在产业政策支持的行业中，高管金融背景与企业的现金持有有显著相关关系（邓建平和陈爱华，2017），首席执行官的海外留学经历和海外工作经历会降低企业的盈余管理（杜勇等，2018），首席执行官的金融背景对上市公司金融化具有非常显著的正向作用（杜勇等，2019），可见高管金融背景在一定程度上影响了上市公司的融资行为。高管的金融背景会对上市公司交叉持股行为产生什么影响呢？由于高管具有金融背景，往往更愿意使用金融工具，杜勇等（2019）的研究就表明具有金融背景的 CEO 更愿意使上市公司金融化，那么具有金融背景的 CEO 也就更可能会持股其他上市公司，使公司在交叉持股网络中占据中心位置。因此，可以提出以下假说：

假说二：具有金融背景的 CEO 在交叉持股网络中具有更高的中心度。

大股东掏空是指公司的大股东通过虚假出资、关联交易等方式侵占公司资产的一种现象，往往出现于大股东控制权较高的上市公司。由于处在网络中心位置公司的控股股东往往具有更高的话语权，因此可能存在处于中心位置的公司的大股东会侵占公司资产的现象。如果存在大股东掏空现象，那么交叉持股网络的中心位置优势就会被削弱，也就是说，当存在大股东掏空现象时，大股东的资金侵占可能会弱化交叉持股网络对企业全要素生产率的正向作用，大股东掏空现象对交叉持股网络位置与全要素生产率之间的关系有负向调节作用。因此，可以提出以下假说：

假说三：大股东掏空弱化了交叉持股网络位置优势对全要素生产率的正向作用。

4.2.2 数据样本和模型设定

由于全要素生产率的计算在不同行业间存在较大差别，为了保证数据的一致性，本章分析仍然选用我国 A 股制造业上市公司 2009 ~ 2017 年的数据，对研究假说进行分析与检验。数据来自国泰安数据库和 Wind 数据库，对所有连续变量进行了 Winsorize 缩尾处理（上下 1% 分位数）。为了验证假说一，设定模型（4.2.1）如下：

$$TFP_{i,t} = \beta_0 + \beta_1 Net\_cross_{i,t} + \sum \beta_k Control_{i,t} + \sum Year + \sum Ind + \varepsilon_{i,t} \quad (4.2.1)$$

其中，TFP 表示制造业上市公司的全要素生产率，Net_cross 表示根据有向交叉持股网络计算的中心度和结构洞等变量，Control 是控制变量的集合，$\sum$ 是残差项，此外回归中还控制了年份和行业变量。

为了验证假说二，设定模型（4.2.2）如下：

$$Net\_cross_{i,t} = \beta_0 + \beta_1 CEO\_fin_{i,t} + \sum \beta_k Control_{i,t} + \sum Year + \sum Ind + \varepsilon_{i,t} \quad (4.2.2)$$

其中，Net_cross 表示根据有向交叉持股网络计算的中心度和结构洞等变量，CEO_fin 表示上市公司 CEO 的金融背景，当上市公司首席执行官具有金融背景时取 1，否则取 0。

为了验证假说三，设定模型（4.2.3）如下：

$$TFP_{i,t} = \beta_0 + \beta_1 Net\_cross_{i,t} + \beta_2 Tunneling_{i,t} + \beta_3 Net\_cross_{i,t} \times Tunneling_{i,t} + \sum \beta_k Control_{i,t} + \sum Year + \sum Ind + \varepsilon_{i,t} \quad (4.2.3)$$

其中，Tunneling 是表示大股东掏空的变量，参考李旎和郑国坚（2015）的研究，用上市公司向控股股东借出的资金减去从控股股东借入的资金作为控股股东对上市公司的资金净占用额来衡量大股东的掏空行为。

解释变量：根据上市公司交叉持股网络计算的企业结构洞特征

（结构洞限制度）以及网络中心度。由于上市公司交叉持股网络是有向网络，即 A 上市公司持有 B 的股票，与 B 上市公司持有 A 的股票是不同的。因此企业的网络中心度包括无向程度中心度（程度中心度_all）、点入度中心度（程度中心度_input）、点出度中心度（程度中心度_output）、无向接近中心度（接近中心度_all）、点入接近中心度（接近中心度_input）、点出接近中心度（接近中心度_output）和中介中心度（中介中心度）。上述指标由 Pajek 软件计算。

被解释变量：现有研究中，测算全要素生产率的方法主要有 OLS、FE、OP 和 LP 等。其中，OLS 和 FE 方法会损失大量有效信息且无法有效解决内生性问题，导致测算出的企业全要素生产率有偏差，奥利和帕克丝（Olly & Pakes，1996）通过采用半参数方法估算出四位行业层面的生产函数，进而得到微观企业层面全要素生产率的一致估计量。莱文森和佩特里（Levinsohn & Petrin，2003）通过以对数形式的中间品投入衡量模型中不可观测的生产率冲击以消除混合性偏误，并控制选择性偏误，可以更好地规避内生性问题，得到更为稳健的企业全要素生产率。

与前文一致，本章仍使用 LP 方法计算的全要素生产率作为被解释变量，使用 GMM 方法计算的全要素生产率做稳健性检验（任胜钢等，2019）。同时为了解决潜在的内生性问题，本书使用解释变量的滞后一期进行回归检验，因为上一期的交叉持股网络结构可能影响下一期的企业全要素生产率，而当期的全要素生产率一般情况下并不会对前一期的交叉持股网络结构产生影响。

控制变量：根据钱雪松（2018）的文章，选取企业资产规模（SIZE）、年龄（AGE）、托宾 Q（Q）、资产负债率（LEV）、固定资产占比（FIXS）= 固定资产/总资产和盈利能力（ROA）作为控制变量。

如表 4 - 16 描述性统计所示，我国 A 股制造业上市公司的全要素生产率存在较大差异，但 25% 和 75% 分位数差异不大，由此可以看出，较好和较差的公司占比较少，而中间位置的公司占比较多。固定资产占比方面，占比最低的公司固定资产仅有 0.94%，而占比最高的公司可达 66.06%，但平均而言，制造业上市公司的固定资产比例约为23.60%，其余控制变量与前文描述基本一致。

表4-16 描述性统计

变量	mean	p25	p50	p75	min	max
TFP_LP	14.3656	13.6620	14.3087	14.9976	11.6656	16.6264
程度中心度_all	0.0028	0.0011	0.0017	0.0030	0.0009	0.2128
程度中心度_input	0.0014	0.0000	0.0010	0.0017	0.0000	0.0674
程度中心度_output	0.0014	0.0000	0.0000	0.0011	0.0000	0.2111
接近中心度_all	0.1803	0.1653	0.1950	0.2205	0.0000	0.3183
接近中心度_input	0.0122	0.0000	0.0022	0.0050	0.0000	0.1260
接近中心度_output	0.0117	0.0000	0.0000	0.0039	0.0000	0.2111
中介中心度	0.0001	0.0000	0.0000	0.0000	0.0000	0.0205
结构洞限制度	0.7067	0.3750	1.0000	1.0000	0.0000	1.0000
AGE	2.6849	2.4849	2.7081	2.9444	0.6931	4.1109
LEV	0.4473	0.2713	0.4415	0.6121	0.0467	1.1285
托宾Q	2.7461	1.4543	2.0709	3.2262	0.9400	13.1417
ROA	0.0413	0.0131	0.0400	0.0723	-0.2424	0.2201
固定资产占比	0.2438	0.1267	0.2110	0.3354	0.0094	0.6606

资料来源：样本数据统计分析所得。

在交叉持股网络方面，由于上市公司交叉持股网络是有向网络，即A上市公司持有B上市公司的股票，与B上市公司持有A上市公司的股票是不同的。因此企业的网络中心度包括无向程度中心度、点入度中心度、点出度中心度、无向接近中心度、点入接近中心度、点出接近中心度和中介中心度，这些指标如描述性统计所示，相对于整体网络来说，数值都比较小。

4.2.3 基准回归结果

如表4-17交叉持股网络特征与全要素生产率回归结果所示，交叉持股网络的无向程度中心度越高，上市公司的全要素生产率越高，

表4-17 交叉持股网络与全要素生产率

	(1)	(2)	(3)	(4)	(5)	(6)	(7)	(8)
程度中心度_all	24.9186*** (3.9591)							
程度中心度_input		3.5918 (0.3849)						
程度中心度_output			31.3174*** (2.8720)					
接近中心度_all				1.8161*** (9.6189)				
接近中心度_input					2.0228*** (3.2964)			
接近中心度_output						6.4913*** (10.8270)		
中介中心度							112.8076*** (5.7649)	
结构洞限制度								-0.5867*** (-15.0791)

续表

	(1)	(2)	(3)	(4)	(5)	(6)	(7)	(8)
常数项	13.8401 *** (122.5834)	13.9109 *** (123.2869)	13.8642 *** (123.2868)	13.5939 *** (118.5073)	13.8775 *** (123.0074)	13.7819 *** (122.6114)	13.9129 *** (123.7420)	14.3787 *** (129.0056)
行业	控制	控制	控制	控制	控制	控制	控制	控制
年份	控制	控制	控制	控制	控制	控制	控制	控制
N	5481	5481	5481	5481	5481	5481	5481	5481
R^2	0.1800	0.1674	0.1826	0.1812	0.1691	0.1852	0.1748	0.2036

注：括号内为t值，***、** 与 * 分别表示1%、5%与10%的显著性水平。

即如果上市公司处于整体的交叉持股网络的中间位置，持股和被持股的公司越多，企业的资源配置效率越高。点入度中心度的回归系数为正但不显著，点出度中心度的系数为正且显著，说明上市公司持有其他上市公司股票的家数越多，企业的全要素生产率越高。而无限接近中心度、点入接近中心度、点出接近中心度的回归系数均显著为正，说明如果上市公司可以通过交叉持股网络更容易连接到其他上市公司，不论是通过持股还是被持股，公司的资源配置效率都会提升。中介中心度的度量是没有方向的，而其回归系数也显著为正，说明当上市公司处于交叉持股网络桥梁位置时，企业的全要素生产率会有所提高。结构洞限制度的系数显著为负，即上市公司越偏离交叉持股网络结构洞位置，公司的资源配置表现越差。

表4-18是添加了控制变量的交叉持股网络特征与全要素生产率回归结果，回归结果显示，企业资产规模、年龄、资产负债率和盈利能力对公司全要素生产率有正向影响，固定资产占比对公司全要素生产率有负向影响。与未添加控制变量不同的是，添加控制变量后，点入度中心度的回归系数为正且显著，而中介中心度的回归系数为正但不显著，但这仍然不影响在交叉持股网络中占据中心位置的公司具有更高的全要素生产率这一假说的成立。

4.2.4 大股东掏空的调节作用

表4-19列出了大股东掏空对交叉持股网络位置与全要素生产率之间关系的影响。可以看到，交叉持股网络中心度越高，制造业上市公司的全要素生产率越高，而大股东掏空显著降低了公司的全要素生产率。交叉项的回归结果显示，存在大股东掏空的公司，其交叉持股网络中心度越高，就越会给上市公司带来负面影响。这在无向程度中心度和中介中心度的交叉项回归结果中是显著的，在其他中心度回归结果中虽然不显著，但仍然存在上述趋势。因此，上市公司应该审慎对待交叉持股网络，加强大股东行为监管机制。要考虑到交叉持股网络在优化公司资源配置的同时，还可能会带来的负面影响。

表 4 - 18 交叉持股网络与全要素生产率（添加控制变量）

	(1)	(2)	(3)	(4)	(5)	(6)	(7)	(8)
程度中心度_all	5.0826 ** (2.0572)							
程度中心度_input		15.3203 ** (2.3546)						
程度中心度_output			3.6819 * (1.8632)					
接近中心度_all				0.3702 *** (3.3181)				
接近中心度_input					0.0628 (0.1775)			
接近中心度_output						1.0683 *** (3.0016)		
中介中心度							6.3010 (0.8199)	
结构洞限制度								-0.1040 *** (-4.4359)
常数项	1.9918 *** (9.7624)	1.9677 *** (9.7231)	1.9663 *** (9.6827)	1.9241 *** (9.5222)	1.9326 *** (9.5222)	1.9857 *** (9.7699)	1.9503 *** (9.5172)	2.2096 *** (10.2766)

续表

	(1)	(2)	(3)	(4)	(5)	(6)	(7)	(8)
AGE	0.0743*** (3.3673)	0.0877*** (3.8979)	0.0746*** (3.3774)	0.0791*** (3.5837)	0.0814*** (3.6639)	0.0671*** (3.0455)	0.0799*** (3.6209)	0.0652*** (2.9599)
托宾 Q	-0.0224*** (-3.5273)	-0.0243*** (-3.8292)	-0.0218*** (-3.4368)	-0.0226*** (-3.5324)	-0.0222*** (-3.4739)	-0.0217*** (-3.4159)	-0.0224*** (-3.5149)	-0.0233*** (-3.6551)
ROA	2.9039*** (13.4653)	2.9180*** (13.4917)	2.9003*** (13.4542)	2.8996*** (13.4197)	2.9034*** (13.4611)	2.9160*** (13.5560)	2.9068*** (13.4625)	2.9170*** (13.4923)
LEV	0.6290*** (9.9660)	0.6329*** (9.9371)	0.6264*** (9.9429)	0.6278*** (9.9220)	0.6260*** (9.8985)	0.6270*** (9.9732)	0.6267*** (9.9368)	0.6417*** (10.0792)
SIZE	0.5576*** (62.3403)	0.5574*** (62.1039)	0.5591*** (63.3491)	0.5577*** (62.8818)	0.5603*** (62.6857)	0.5582*** (63.1175)	0.5597*** (62.8552)	0.5526*** (59.9804)
固定资产占比	-1.0097*** (-14.2403)	-1.0151*** (-14.3142)	-1.0127*** (-14.2970)	-1.0021*** (-14.0549)	-1.0179*** (-14.3642)	-1.0077*** (-14.2113)	-1.0189*** (-14.3852)	-0.9965*** (-14.0518)
行业	控制	控制	控制	控制	控制	控制	控制	控制
年份	控制	控制	控制	控制	控制	控制	控制	控制
N	5291	5291	5291	5291	5291	5291	5291	5291
R^2	0.7411	0.7411	0.7409	0.7413	0.7407	0.7412	0.7407	0.7418

注：括号内为 t 值，***、** 与 * 分别表示 1%、5% 与 10% 的显著性水平。

表 4-19　大股东掏空的调节作用

	(1)	(2)	(3)	(4)	(5)	(6)	(7)	(8)
程度中心度_all	8.6680** (2.4707)							
掏空	-0.9908 (-1.5618)	-0.9241 (-1.5005)	-1.4943*** (-2.7211)	-1.1405 (-0.8702)	-1.6579*** (-2.8890)	-1.5157*** (-2.7232)	-1.4969*** (-2.8995)	-1.1934 (-0.8476)
程度中心度_all×掏空	-3.3e+02* (-1.9552)							
程度中心度_input		22.7625*** (3.0316)						
程度中心度_input×掏空		-5.3e+02 (-1.4732)						
程度中心度_output			6.7184** (2.1893)					
程度中心度_output×掏空			-3.0e+02 (-1.4095)					
接近中心度_all				0.3917*** (2.7721)				

续表

	(1)	(2)	(3)	(4)	(5)	(6)	(7)	(8)
接近中心度_all×掏空				-3.1071 (-0.4930)				
接近中心度_input					0.1161 (0.2641)			
接近中心度_input×掏空					-4.7586 (-0.2487)			
接近中心度_output						1.3493*** (2.9241)		
接近中心度_output×掏空						-22.1179 (-1.0968)		
中介中心度							40.1796*** (3.8507)	
中介中心度×掏空							-2.0e+03*** (-3.8255)	
结构洞限制度								-0.0939*** (-3.0893)

续表

	(1)	(2)	(3)	(4)	(5)	(6)	(7)	(8)
结构洞限制度×掏空								-0.6922 (-0.4691)
常数项	2.0686*** (10.1378)	2.0414*** (10.1279)	2.0585*** (10.1737)	2.0141*** (10.0295)	2.0291*** (10.0564)	2.0935*** (10.3108)	2.0645*** (10.1314)	2.2966*** (10.6514)
控制变量	控制	控制	控制	控制	控制	控制	控制	控制
行业/年份	控制	控制	控制	控制	控制	控制	控制	控制
N	5291	5291	5291	5291	5291	5291	5291	5291
R^2	0.7441	0.7440	0.7437	0.7437	0.7432	0.7437	0.7442	0.7443

注：括号内为t值，***、**与*分别表示1%、5%与10%的显著性水平。

4.2.5 CEO金融背景与交叉持股网络结构

表4-20列出了CEO金融背景对制造业上市公司交叉持股结构影响的回归结果，由第（1）列可以看出，当CEO具有金融背景时，上市公司在交叉持股网络中就越靠近中心位置，即具有金融背景的CEO更愿意让公司处在交叉持股网络的中心位置。第（2）列的回归系数不显著，而第（3）列的回归系数显著为正，则表示，相对于被其他上市公司持股，CEO具有金融背景的公司更能控制自己公司的投融资计划，通过持有其他公司的股票来参与交叉持股网络。表4-20的第（1）~第(3）列回归结果显示，上市公司的CEO如果具有金融背景，则更有可能通过增加持有其他上市公司的股票来使自己的公司处于交叉持股网络的中心位置。

表4-20其余几列中，除了结构洞限制度的回归系数显著为负外，剩下的中心度指标并不显著。这表明上市公司本身在交叉持股网络的形成上，并不能直观判断自己所处的交叉持股网络的中介中心度或者接近中心度的位置，只能通过最直观的程度中心度作出改变。而当公司的限制度较高时，具有金融背景的CEO也会通过持股其他公司，改善这一情况，从而使交叉持股网络的中心优势作用发挥出来。可见CEO具有金融背景，对上市公司的交叉持股网络具有正向促进作用，具有金融背景的CEO更希望自己公司能够处在交叉持股网络的中心位置。

4.2.6 稳健性检验

表4-21和表4-22是本节的稳健性检验结果，表4-21是将解释变量滞后一期进行回归的结果，使用解释变量的滞后一期进行回归检验，可以解决潜在的内生性问题，因为上一期的交叉持股网络结构可能影响下一期的企业全要素生产率，而当期的全要素生产率一般情况下并不会对前一期的交叉持股网络结构产生影响。结果显示，

表 4-20　金融背景与交叉持股网络

	(1)	(2)	(3)	(4)	(5)	(6)	(7)	(8)
	程度中心度_all	程度中心度_input	程度中心度_output	接近中心度_all	接近中心度_input	接近中心度_output	中介中心度	结构洞限制度
金融背景	0.0008* (1.6694)	0.0000 (0.0411)	0.0008* (1.6551)	-0.0007 (-0.1508)	0.0007 (0.4623)	0.0002 (0.1353)	0.0001 (1.0248)	-0.0758*** (-2.9741)
AGE	0.0013*** (3.8298)	-0.0005*** (-5.9360)	0.0018*** (5.4918)	0.0036 (1.2846)	-0.0051*** (-5.0937)	0.0120*** (12.8035)	0.0002*** (3.6419)	-0.1514*** (-9.7556)
托宾 Q	0.0001 (0.9365)	0.0001*** (8.8338)	-0.0001* (-1.7299)	0.0010* (1.6618)	0.0011*** (5.9496)	-0.0003* (-1.7264)	0.0000*** (4.5001)	-0.0120*** (-3.9295)
ROA	-0.0002 (-0.0505)	-0.0010* (-1.9258)	0.0009 (0.2842)	0.0018 (0.0895)	-0.0021 (-0.3310)	-0.0124* (-1.9399)	-0.0006*** (-2.7730)	0.1506 (1.5901)
LEV	-0.0006 (-1.0453)	-0.0005*** (-4.3367)	-0.0001 (-0.2266)	-0.0039 (-0.7217)	-0.0040** (-2.1094)	-0.0004 (-0.2577)	-0.0002*** (-3.4706)	0.1515*** (5.5885)
SIZE	0.0006*** (8.1453)	0.0002*** (8.2081)	0.0003*** (5.4497)	0.0069*** (6.8793)	0.0020*** (5.9837)	0.0020*** (6.0220)	0.0001*** (6.6028)	-0.0764*** (-15.0772)
固定资产占比	-0.0014*** (-3.2077)	-0.0001 (-0.6377)	-0.0013*** (-3.1701)	-0.0417*** (-5.4188)	-0.0007 (-0.3153)	-0.0080*** (-3.7407)	0.0002** (1.9808)	0.1926*** (5.2982)

续表

	(1)	(2)	(3)	(4)	(5)	(6)	(7)	(8)
常数项	-0.0120*** (-8.8930)	-0.0022*** (-4.3829)	-0.0098*** (-7.6624)	0.0318 (1.3643)	-0.0135* (-1.7714)	-0.0496*** (-6.7657)	-0.0031*** (-6.4923)	2.7086*** (23.7557)
行业	控制	控制	控制	控制	控制	控制	控制	控制
年份	控制	控制	控制	控制	控制	控制	控制	控制
N	4828	4828	4828	4828	4828	4828	4828	4828
R^2	0.0627	0.1030	0.0631	0.0980	0.1021	0.1746	0.0431	0.1128

注：括号内为t值，***、**与*分别表示1%、5%与10%的显著性水平。

表 4－21 稳健性检验（滞后一期）

	(1)	(2)	(3)	(4)	(5)	(6)	(7)	(8)
L. 程度中心度_all	7.5819*** (3.1398)							
L. 程度中心度_input		4.7598 (1.5979)						
L. 程度中心度_output			8.6794*** (2.6842)					
L. 接近中心度_all				0.4272*** (3.2070)				
L. 接近中心度_input					0.0998 (0.2421)			
L. 接近中心度_output						1.2357*** (3.0535)		
L. 中介中心度							4.7521 (0.6028)	
L. 结构洞限制度								−0.1242*** (−4.2970)

续表

	(1)	(2)	(3)	(4)	(5)	(6)	(7)	(8)
常数项	1.7247*** (6.5075)	1.6426*** (6.2351)	1.7212*** (6.5052)	1.6427*** (6.2479)	1.6358*** (6.2192)	1.7029*** (6.4399)	1.6522*** (6.1812)	1.9897*** (7.1221)
控制变量	控制	控制	控制	控制	控制	控制	控制	控制
行业	控制	控制	控制	控制	控制	控制	控制	控制
年份	控制	控制	控制	控制	控制	控制	控制	控制
N	3493	3493	3493	3493	3493	3493	3493	3493
R^2	0.7434	0.7427	0.7432	0.7434	0.7426	0.7433	0.7426	0.7440

注：括号内为t值，***、**与*分别表示1%、5%与10%的显著性水平。

表 4-22 稳健性检验（GMM 计算的 TFP）

	(1)	(2)	(3)	(4)	(5)	(6)	(7)	(8)
程度中心度_all	8.9146** (2.1744)							
程度中心度_input		18.5381*** (2.6392)						
程度中心度_output			7.4061** (2.0661)					
接近中心度_all				0.4113*** (3.1155)				
接近中心度_input					0.3575 (0.8187)			
接近中心度_output						1.7698*** (4.0011)		
中介中心度							27.2802* (1.9200)	
结构洞限制度								-0.1392*** (-5.1081)

续表

	(1)	(2)	(3)	(4)	(5)	(6)	(7)	(8)
常数项	5.5369*** (22.3822)	5.4693*** (22.4050)	5.5021*** (22.4438)	5.4208*** (22.2845)	5.4367*** (22.1846)	5.5247*** (22.6986)	5.5134*** (22.1643)	5.8015*** (22.6293)
控制变量	控制	控制	控制	控制	控制	控制	控制	控制
行业	控制	控制	控制	控制	控制	控制	控制	控制
年份	控制	控制	控制	控制	控制	控制	控制	控制
N	5242	5242	5242	5242	5242	5242	5242	5242
R^2	0.4673	0.4662	0.4666	0.4664	0.4654	0.4672	0.4660	0.4681

注：括号内为t值，***、**与*分别表示1%、5%与10%的显著性水平。

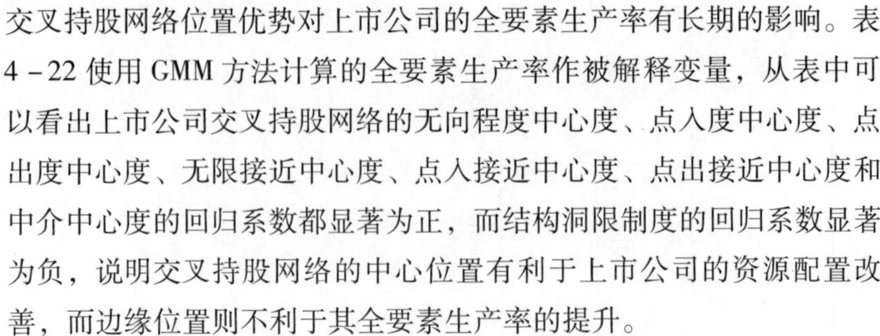
交叉持股网络位置优势对上市公司的全要素生产率有长期的影响。表4-22使用GMM方法计算的全要素生产率作被解释变量，从表中可以看出上市公司交叉持股网络的无向程度中心度、点入度中心度、点出度中心度、无限接近中心度、点入接近中心度、点出接近中心度和中介中心度的回归系数都显著为正，而结构洞限制度的回归系数显著为负，说明交叉持股网络的中心位置有利于上市公司的资源配置改善，而边缘位置则不利于其全要素生产率的提升。

4.3 担保网络、创新投入与全要素生产率

4.3.1 理论分析与研究假说

担保网络是企业通过担保关系增强信用的一种方式，由于担保的建立相对容易，企业之间形成了互保、联保等多种形式的担保关系，由这些担保关系又进一步形成了担保网络。由于担保关系使担保方要为被担保方的违约负责，担保网络具有了强制性属性，相互关联企业之间也就具有了相对较强的“传染”关系。因为一家企业的违约或者破产，导致相关联企业接连遭殃的情况在担保网络中最为常见。约塔基和摩尔（Kiyotaki & Moore，1997）将这种由担保网络引发的金融危机传染效应称为“多米诺骨牌”效应，一家企业的经营不善可能会通过担保网络波及整个担保圈，产生多倍的负面影响。

简和徐（Jian & Xu，2012）的研究也发现，制度因素影响企业担保圈的加入行为，即当企业所在地区的金融市场环境越好，企业越不可能加入担保圈，当企业所在地区的法治水平越高，企业越不会加入担保圈。即那些营利性较差，存在更多问题的企业更倾向于加入担保圈，而担保圈的违约风险也更容易导致企业所面临的不确定性增加。

刘海明等（2016）的研究也支持以上观点，他们通过构建担保

网络的“传染效应”模型，发现在担保网络中绩效差的企业会严重影响其他企业，使其他企业遭受损失，而绩效好的企业对其他企业的影响是比较少的，也就是说担保网络对不同企业的影响是不一样的，绩效传染是“非对称”的。可见，担保关系虽然增加了企业信用，减少了金融机构与企业间的信息不对称性，但其带给企业的影响并不是特别理想。因此，当企业加入担保圈后，更有可能会导致更低的资源配置效率。

相比于国有上市公司，非国有上市公司的风险承受能力更弱，因此非国有上市公司加入担保网络后，可能更容易减少具有高风险性和不确定性的活动。而国有上市公司往往承担着国家政策性任务，即完成国家战略性创新目标，因此，担保网络对上市公司全要素生产率的影响具有异质性，非国有企业加入担保网络后，其全要素生产率比重受到的影响更大，而国有企业则不受影响。

由于创新投入是具有高风险性和不确定性的，企业在经营遇到困难时，往往会减少这类投入，那么加入担保网络的企业在面对其他企业的负向绩效冲击时，会调整创新战略，减少高风险类资金的投入，由此可以推断，当企业处于担保网络中，企业的创新投入会减少。相对于那些没有担保关系的企业，提供担保的企业容易受到被担保企业的影响，从而减少创新投入，而被担保企业在资金方面已经处于紧张状态，其创新投入也会较少。因此，相对于不存在担保关系的企业，加入担保圈的企业创新投入更容易处于低水平。而企业创新能够导致企业生产率水平的提升（陈维涛等，2018），因此，企业创新投入是担保网络导致企业全要素生产率下降的一个中介变量。

基于以上分析，本章提出如下假说：

假说一：加入担保网络中的企业会有更低的全要素生产率。

假说二：担保网络对企业全要素生产率的影响存在异质性，非国有企业受到的影响更大。

假说三：企业创新投入是担保网络导致企业全要素生产率下降的中介变量。

4.3.2 数据样本和模型设定

本书主要考察担保网络对制造业企业创新的影响，另外，鉴于数据的可得性，本书选取2009～2017年的制造业上市公司数据进行实证检验。为了验证前文假说，将模型设定如下：

$$TFP_{i,t} = \beta_0 + \beta_1 Net\_gua_{i,t-1} + \sum \beta_k Control_{i,t} + \sum Year + \sum Ind + \varepsilon_{i,t} \quad (4.3.1)$$

其中，TFP表示制造业上市公司的全要素生产率，Net_gua表示担保网络，Control是控制变量的集合，ε是残差项，此外回归中还控制了年份和行业变量。

为了验证假说三，本书参照温忠麟（2014）的研究设定模型（4.3.2）和（4.3.3），其中Inno_input是上市公司的创新投入。

$$Inno\_input_{i,t} = \alpha_0 + \alpha_1 Net\_gua_{i,t-1} + \sum \alpha_k Control_{i,t} + \sum Year + \sum Ind + \varepsilon_{i,t} \quad (4.3.2)$$

$$TFP_{i,t} = \gamma_0 + \gamma_1 Net\_gua_{i,t-1} + \gamma_2 Inno\_input_{i,t} + \sum \gamma_k Control_{i,t} + \sum Year + \sum Ind + \varepsilon_{i,t} \quad (4.3.3)$$

解释变量：根据担保网络关系图，大于或者等于3家公司的担保关系可视为担保网络（刘海明和曹廷求，2016），由此得到年度上市公司担保网络数据，从而构造是否加入担保网络的虚拟变量“担保网络”，如果担保网络等于1表示制造业上市公司有加入担保网络，如果担保网络等于0表示制造业上市公司没有加入担保网络。同时，为了分别考察担保上市公司和被担保上市公司的不同影响，本章还设置“被担保方”和“担保方”两个虚拟变量，分别表示上市公司在当年是否为被担保的上市公司或提供担保的上市公司，如果是，则取值为1。为了控制可能存在的内生性问题，本章不仅将担保网络的当期值作为解释变量，还将担保网络的滞后一期作为解释变量。

被解释变量：现有研究中，莱文森和佩特里（2003）通过以对数形式的中间品投入衡量模型中，以不可观测的生产率冲击消除混合性偏误并控制选择性偏误，可以更好地规避内生性问题，得到更为稳健的企业全要素生产率。因此，本书采用 LP 方法测算企业全要素生产率。

中介变量：与前文一致，本书采用创新投入的测度的相对值。相对指标主要有研发投入占主营业务收入的比重（孙晓华等，2017）、研发投入占总资产的比重（周建等，2012；周瑜胜和宋光辉，2016）、研发投入占员工人数的比重（Falk，2012）等。由于本书主要研究制造业上市公司创新投入情况，因此，采用研发投入占总资产的比重作为创新投入的衡量指标。由于上市公司创新产出成果往往以专利的形式表现出来，因此，考察上市公司专利申请量和授权量，可以考察上市公司的创新产出绩效与担保网络之间的关系。

控制变量：根据钱雪松（2018）选取企业资产规模（SIZE）、年龄（AGE）、托宾 Q（托宾 Q）、资产负债率（LEV）和盈利能力（ROA）作为控制变量。本章节的分析还控制了企业的固定资产占比（固定资产/总资产），因为企业的资产比例对全要生产率有重要影响，如表 4－23 所示。

表 4－23　描述性统计

变量	mean	p25	p50	p75	min	max
TFP	14. 1375	13. 5289	14. 0686	14. 6800	11. 6656	16. 6264
创新投入	0. 0198	0. 0082	0. 0171	0. 0268	0. 0000	0. 5629
担保网络	0. 0156	0. 0000	0. 0000	0. 0000	0. 0000	1. 0000
被担保方	0. 0235	0. 0000	0. 0000	0. 0000	0. 0000	1. 0000
担保方	0. 0260	0. 0000	0. 0000	0. 0000	0. 0000	1. 0000
AGE	2. 6862	2. 4849	2. 7081	2. 9444	0. 6931	4. 1271
托宾 Q	2. 9767	1. 6099	2. 3207	3. 5789	0. 9400	13. 1417
ROA	0. 0401	0. 0134	0. 0394	0. 0709	－0. 2424	0. 2201
LEV	0. 4193	0. 2456	0. 4037	0. 5735	0. 0467	1. 1285
SIZE	21. 6921	20. 8588	21. 5687	22. 3445	19. 1204	25. 1952

资料来源：样本数据统计分析所得。

本章描述性统计结果如表4－23所示，样本上市公司的全要素生产率的平均水平比前两个小节都低，这是因为本小节样本企业不再仅仅包括存在于连锁董事网络中的企业，或者存在于交叉持股网络中的企业，因此本节样本企业的全要素生产率略低于前两个样本，这也从侧面验证了连锁董事网络与交叉持股网络对企业全要素生产率有促进作用。样本公司中创新投入比重存在较大差异，平均而言研发投入占总资产的比重约为2%，存在一些上市公司并没有创新投入，而有些上市公司的创新投入比重达到50%以上。上市公司年龄差异较小，上市公司规模差异性较小，上市公司的“托宾Q”系数普遍大于1，上市公司的总资产回报率平均约为4.01%，最高的上市公司则达到了22.01%。在样本上市公司中，非国有上市公司的比重偏高。加入担保网络的上市公司占比为1.56%，被担保方上市公司比例约为2.35%，担保方上市公司比例为2.6%。

4.3.3 基准回归结果

如表4－24所示，在第（1）列中担保网络对制造业上市公司的全要素生产率有负面影响，如果制造业上市公司加入担保网络，那么制造业上市公司的全要素生产率就会相应减少，在考虑了反向因果的影响，如第（4）列所示，对制造业上市公司是否加入担保网络虚拟变量取滞后一期值时，制造业上市公司上一期加入担保网络仍然会对其当期的全要素生产率产生负向影响。

表4－24　担保网络与全要素生产率

	(1)	(2)	(3)	(4)	(5)	(6)
担保网络	−0.1164*** (−2.7024)					
被担保方		−0.0945*** (−3.1575)				

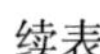

续表

	(1)	(2)	(3)	(4)	(5)	(6)
担保方			-0.0834 *** (-2.8975)			
L. 担保网络				-0.1266 *** (-2.6680)		
L. 被担保方					-0.1190 *** (-3.5815)	
L. 担保方						-0.0668 ** (-2.1566)
AGE	0.0818 *** (6.1140)	0.0818 *** (6.1016)	0.0821 *** (6.1339)	0.1053 *** (6.8548)	0.1053 *** (6.8460)	0.1050 *** (6.8353)
托宾 Q	-0.0029 (-0.8924)	-0.0031 (-0.9553)	-0.0030 (-0.9267)	-0.0028 (-0.7308)	-0.0031 (-0.7968)	-0.0029 (-0.7412)
ROA	3.3339 *** (28.8068)	3.3308 *** (28.7514)	3.3331 *** (28.7357)	3.3603 *** (27.2814)	3.3548 *** (27.2387)	3.3542 *** (27.0817)
LEV	0.5436 *** (15.4289)	0.5431 *** (15.2859)	0.5422 *** (15.2932)	0.5495 *** (14.4708)	0.5499 *** (14.3617)	0.5453 *** (14.1743)
SIZE	0.5656 *** (98.6124)	0.5655 *** (98.4620)	0.5659 *** (98.4550)	0.5658 *** (90.9528)	0.5657 *** (90.8527)	0.5663 *** (90.6114)
常数项	1.6240 *** (13.0705)	1.6270 *** (13.1028)	1.6183 *** (13.0128)	1.6356 *** (12.1638)	1.6392 *** (12.2072)	1.6279 *** (12.0734)
行业	控制	控制	控制	控制	控制	控制
年份	控制	控制	控制	控制	控制	控制
N	15709	15709	15709	13556	13556	13556
R^2	0.6913	0.6913	0.6913	0.6931	0.6932	0.6929

注：括号内为 t 值，*** 、** 与 * 分别表示 1% 、5% 与 10% 的显著性水平。

那么相对于那些没有担保关系的制造业上市公司，处于担保关系中的制造业上市公司是否会对受到相应影响呢？因此，本章分别考察了制造业上市公司作为担保方和被担保方时，对制造业上市公司全要素生产率的影响。如表4－24第（2）列所示，当制造业上市公司是被担保方时，其全要素生产率比不是被担保方的制造业上市公司的全要素生产率比重降低了9.7%，也就是说，当制造业上市公司出于某些原因需要其他制造业上市公司提供担保时，其自身的资源配置效率也明显下降。如表4－24第（3）列所示，当制造业上市公司是担保方时，为其他上市公司提供担保也会降低其资源配置效率。

4.3.4 企业性质异质性分析

表4－25和表4－26分别列出了国有上市公司和非国有上市公司担保网络与全要素生产率的回归结果。可以看出，在表4－25中，担保网络与其滞后一期的系数均不显著，即上市公司是否加入担保网络对上市公司全要素生产率没有影响，而且上市公司是否是担保上市公司对上市公司全要素生产率也没有影响。与国有上市公司不同，表4－26显示，担保网络对非国有上市公司全要素生产率的影响非常显著，当非国有上市公司加入担保网络后，其全要素生产率比不加入担保网络的非国有上市公司的全要素生产率下降了0.28个单位。而且，当上市公司是担保方或者被担保方时，上市公司的全要素生产率比重也会有所降低。

表4－25　国有企业担保网络与全要素生产率

	(1)	(2)	(3)	(4)	(5)	(6)
担保网络	0.0087 (0.1756)					
被担保方		-0.0332 (-0.8816)				
担保方			-0.0235 (-0.7011)			

续表

	(1)	(2)	(3)	(4)	(5)	(6)
L. 担保网络				0.0015 (0.0292)		
L. 被担保方					-0.0515 (-1.2407)	
L. 担保方						-0.0133 (-0.3654)
常数项	1.5413 *** (7.7444)	1.5460 *** (7.7800)	1.5405 *** (7.7355)	1.5209 *** (6.6725)	1.5278 *** (6.7126)	1.5201 *** (6.6615)
控制变量	控制	控制	控制	控制	控制	控制
行业	控制	控制	控制	控制	控制	控制
年份	控制	控制	控制	控制	控制	控制
N	5648	5648	5648	5021	5021	5021
R^2	0.7235	0.7235	0.7235	0.7225	0.7226	0.7225

注：括号内为 t 值，***、** 与 * 分别表示 1%、5% 与 10% 的显著性水平。

表 4-26　　非国有企业担保网络与全要素生产率

	(1)	(2)	(3)	(4)	(5)	(6)
担保网络	-0.2784 *** (-3.7595)					
被担保方		-0.1373 *** (-2.9441)				
担保方			-0.1412 *** (-2.7705)			
L. 担保网络				-0.3062 *** (-3.5596)		
L. 被担保方					-0.1823 *** (-3.4462)	
L. 担保方						-0.1171 ** (-2.1545)

续表

	(1)	(2)	(3)	(4)	(5)	(6)
常数项	2.0628 *** (12.0583)	2.0487 *** (11.9377)	2.0506 *** (11.9523)	1.8866 *** (10.0117)	1.8739 *** (9.8980)	1.8701 *** (9.8314)
控制变量	控制	控制	控制	控制	控制	控制
行业	控制	控制	控制	控制	控制	控制
年份	控制	控制	控制	控制	控制	控制
N	10061	10061	10061	8535	8535	8535
R^2	0.6460	0.6455	0.6455	0.6508	0.6502	0.6498

注：括号内为 t 值，*** 、** 与 * 分别表示 1% 、5% 与 10% 的显著性水平。

4.3.5 创新投入中介效应检验

表 4－27 列出了担保网络与创新投入之间的关系，由于第 4.3.4 节说明担保网络对非国有企业具有显著影响，而对非国有企业影响不显著，因此本小节仅考虑非国有企业样本。由第（1）列和第（4）列可以看出，制造业上市公司加入担保网络后，无论是当期还是下一期其创新投入明显下降。即担保网络显著降低了上市公司参与创新投入的积极性，对企业创新具有抑制作用。由第（2）列和第（5）列可以看出，当制造业上市公司寻求其他上市公司担保时，公司的创新投入积极性也明显下降，这可能是因为公司选择性地放弃了高风险的活动，从而减少了创新投入。由第（3）列和第（6）列可以看出，当制造业上市公司为其他上市公司提供担保后，其创新投入也明显下降，即为其他上市公司提供担保挤出了制造业上市公司本身的创新性活动。

表 4－27　担保网络与创新投入

	(1)	(2)	(3)	(4)	(5)	(6)
担保网络	－0.0077 *** (－5.4985)					

续表

	(1)	(2)	(3)	(4)	(5)	(6)
被担保方		-0.0037*** (-2.6036)				
担保方			-0.0033** (-2.1873)			
L. 担保网络				-0.0081*** (-5.5508)		
L. 被担保方					-0.0039*** (-2.6399)	
L. 担保方						-0.0040*** (-2.8106)
常数项	0.0021 (0.2995)	0.0017 (0.2437)	0.0017 (0.2402)	0.0045 (0.5596)	0.0041 (0.5045)	0.0041 (0.5046)
控制变量	控制	控制	控制	控制	控制	控制
行业	控制	控制	控制	控制	控制	控制
年份	控制	控制	控制	控制	控制	控制
N	9060	9060	9060	7806	7806	7806
R^2	0.1624	0.1617	0.1616	0.1684	0.1674	0.1674

注：括号内为 t 值，***、** 与 * 分别表示 1%、5% 与 10% 的显著性水平。

表 4-28 是中介效应检验最后一个方程式的回归结果，与表 4-27 和表 4-25 共同构成中介效应检验的整体结果。在表 4-28 第（1）列中，担保网络对制造业上市公司的全要素生产率有显著负向影响，而创新投入则明显提升了制造业上市公司的全要素生产率。因此，根据温忠麟（2014）的中介效应模型判定方法，创新投入对担保网络与制造业上市公司全要素生产率之间的关系具有中介效应。同样，第（2）列中，创新投入系数正向显著，而被担保方的系数显著为负，即创新投入对被担保方与制造业上市公司全要素生产率之间的关系具有中介效应。同样，根据第（3）列回归结果，创新投入对

担保方与制造业上市公司全要素生产率之间的关系也具有中介效应。第（4）~第(6）列给出列滞后项回归的结果，同样也验证了上文的分析，说明创新投入具有中介效应。

表4-28　　创新投入的中介效应

	(1)	(2)	(3)	(4)	(5)	(6)
担保网络	-0.1672** (-2.4762)					
创新投入	6.8013*** (6.0451)	6.8161*** (6.0512)	6.8202*** (6.0556)	7.4736*** (5.7796)	7.5000*** (5.7878)	7.5046*** (5.7924)
被担保方		-0.0925* (-1.9450)				
担保方			-0.0834* (-1.6952)			
L. 担保网络				-0.2058*** (-2.9628)		
L. 被担保方					-0.1088** (-2.3684)	
L. 担保方						-0.0863* (-1.8458)
常数项	2.3590*** (15.1071)	2.3505*** (14.9734)	2.3499*** (14.9652)	2.1909*** (13.1961)	2.1769*** (13.0198)	2.1785*** (13.0276)
控制变量	控制	控制	控制	控制	控制	控制
行业	控制	控制	控制	控制	控制	控制
年份	控制	控制	控制	控制	控制	控制
N	9046	9046	9046	7797	7797	7797
R^2	0.6983	0.6982	0.6982	0.7037	0.7035	0.7034

注：括号内为t值，***、**与*分别表示1%、5%与10%的显著性水平。

4.3.6 PSM 稳健性检验

由于参与担保网络的样本在整体样本中占比较少，仅有约 2% 的样本参与了担保网络，因此样本的非对称性较高。为了减少这类误差，本小节采用倾向得分匹配方法（PSM）对样本进行了缩减，即通过匹配找出与参与担保网络的公司性质相近的上市公司，得到一个较为对称的样本，再进行样本回归分析检验，从而验证上文结论的稳健性。值得说明的是，本书对担保网络、被担保方、担保方三类解释变量分别进行倾向得分匹配，对得到相应的子样本进行回归分析。表 4 – 29 给出了 PSM 方法下担保网络与全要素生产率的回归结果，结果表明，担保网络对制造业上市公司的全要素生产率具有显著负向影响，尽管担保方与被担保方的回归系数不显著，但仍然为负。滞后项回归结果都显著为负，验证了前文结论的稳健性。

表 4 – 29　　担保网络与全要素生产率（PSM 方法）

	(1)	(2)	(3)	(4)	(5)	(6)
担保网络	0. 1436 ** (– 2. 2997)					
被担保方		– 0. 0564 (– 1. 2537)				
担保方			– 0. 0318 (– 0. 7708)			
L. 担保网络				– 0. 1418 ** (– 2. 0195)		
L. 被担保方					– 0. 0841 * (– 1. 7504)	
L. 担保方						– 0. 0173 ** (– 2. 3989)

续表

	(1)	(2)	(3)	(4)	(5)	(6)
常数项	0.1850 (0.2360)	1.6948*** (2.6683)	0.7898 (1.4106)	-0.4664 (-0.5077)	2.0316*** (2.8648)	0.8055 (1.2644)
控制变量	控制	控制	控制	控制	控制	控制
行业	控制	控制	控制	控制	控制	控制
年份	控制	控制	控制	控制	控制	控制
N	444	694	803	378	615	695
R^2	0.6913	0.6838	0.6974	0.6901	0.6831	0.6977

注：括号内为t值，***、**与*分别表示1%、5%与10%的显著性水平。

由于制造业上市公司创新产出的成果往往以专利的形式表现出来，因此，考察制造业上市公司专利申请量和授权量，可以在一定程度上揭示制造业上市公司的创新投入情况。表4-30为担保网络与专利申请量之间的关系，可以看出，制造业上市公司担保网络的系数为负，尽管其并不显著。而当上市公司是担保方或者被担保方时，其显著降低了公司的专利申请量。这就进一步验证了上文的说法，制造业上市公司的担保关系降低了企业的创新投入。担保网络与专利授权量之间的回归结果如表4-31所示，不难发现，与专利申请量类似，上市公司的担保关系降低了企业的专利授权量。

表4-30　担保网络与专利申请

	(1)	(2)	(3)	(4)	(5)	(6)
担保网络	-11.4741 (-1.2915)					
被担保方		-28.9387*** (-5.1815)				
担保方			-18.3968 (-1.6060)			

续表

	(1)	(2)	(3)	(4)	(5)	(6)
L. 担保网络				-6.5878 (-0.6346)		
L. 被担保方					-29.0251*** (-4.9288)	
L. 担保方						-21.4934** (-2.5625)
常数项	-2.4e+03*** (-11.6049)	-2.4e+03*** (-11.6017)	-2.4e+03*** (-11.6016)	-2.6e+03*** (-11.1809)	-2.6e+03*** (-11.1746)	-2.6e+03*** (-11.1775)
控制变量	控制	控制	控制	控制	控制	控制
行业	控制	控制	控制	控制	控制	控制
年份	控制	控制	控制	控制	控制	控制
N	15738	15738	15738	13576	13576	13576
R^2	0.0992	0.0993	0.0993	0.1016	0.1018	0.1017

注：括号内为t值，***、**与*分别表示1%、5%与10%的显著性水平。

表4-31　担保网络与专利授权

	(1)	(2)	(3)	(4)	(5)	(6)
担保网络	-2.5295 (-0.4045)					
被担保方		-16.1320*** (-4.5001)				
担保方			-6.2257 (-0.6675)			
L. 担保网络				0.1273 (0.0185)		
L. 被担保方					-17.5860*** (-4.7568)	

续表

	(1)	(2)	(3)	(4)	(5)	(6)
L. 担保方						-13.0558** (-2.4533)
常数项	-1.5e+03*** (-12.3008)	-1.5e+03*** (-12.2974)	-1.5e+03*** (-12.2965)	-1.6e+03*** (-11.8662)	-1.6e+03*** (-11.8589)	-1.6e+03*** (-11.8620)
控制变量	控制	控制	控制	控制	控制	控制
行业	控制	控制	控制	控制	控制	控制
年份	控制	控制	控制	控制	控制	控制
N	15738	15738	15738	13576	13576	13576
R^2	0.1111	0.1112	0.1111	0.1138	0.1139	0.1139

注：括号内为 t 值，*** 、** 与 * 分别表示 1%、5% 与 10% 的显著性水平。

4.4 股权质押、非效率投资与全要素生产率

4.4.1 理论分析与研究假说

股权质押是指出质人通过将其所拥有的股权作为质押标的物而设立的质押，股权质押是控股股东融资的重要途径之一。Wind 数据库显示，截至 2019 年 06 月 11 日，市场质押股数为 6146.29 亿股，市场质押股数占总股本的 9.37%，市场质押市值为 45110.25 亿元，其中，大股东质押股数为 6081.34 亿股，大股东质押股数占所持股份比的 7.21%。由于股权质押不转移控股股东对公司的控制权，因此存在股权质押的公司会出现控制权与现金流权分离的情况，而控制权与现金流权的分离加剧了控股股东与小股东之间的代理问题（Lee & Yeh，2004），可能会导致控股股东对上市公司的利益侵占。同时，如果股票价格在股权质押时期出现大幅下降，导致控股股东无法赎回股票，则会产生控制权转移风险，控股股东为了保住控制权可能会使

上市公司采取盈余管理、税收规避等措施（王斌和宋春霞，2015；王雄元等，2018）。因此股权质押行为虽然是股东的个人行为，但对上市公司会产生重要影响。已有研究从公司价值、创新投入以及风险承担等方面探讨了控股股东股权质押对上市公司的影响（郝项超和梁琪，2009；郑国坚等，2014；张瑞君等，2017；何威风等，2018）。

学者们从股权质押导致的代理问题与控制权转移问题两个方面对股权质押的经济后果进行了探讨。由于股权质押不减少控股股东对公司的控制权，从而导致控制权与现金流权分离，控股股东与中小股东之间的利益不再一致，进而出现代理问题（Jensen & Meckling，1976）。克莱森等（Claessens et al.，2002）和 Lemmon & Lins（2003）的研究表明，当控制权与现金流权分离程度较大时，由于控股股东与少数股东所追求的目标不一致，公司的价值往往较低。李和叶（Lee & Yeh，2004）指出，股权质押比例越高、控制权与现金流权的分离程度越大，公司陷入财务困境的可能性越大。郝项超和梁琪（2009）的研究也发现，由于股权质押导致控股股东实际现金流权下降而控制权杠杆效应增加，这就弱化了控股股东提高公司价值的动机，而强化了其侵占动机。此外，由于股权质押可以看作是股东面临财务约束的信号。控股股东在股权质押之后更容易对公司进行占款、掏空上市公司，从而加剧了上市公司的融资约束、对公司绩效产生负面影响（郑国坚等，2014；李旎和郑国坚，2015）。

由于股权质押会带来控制权转移风险，而控制权能够为控股股权带来丰厚的私利（Grossman & Hart，1988）。因此，控股股东在股权质押后，会采取一系列措施维护其控制权。陈等（Chan et al.，2013）发现，控股股东在股价大幅下降时会让上市公司回购股票以稳定和提升股价。为了防止股票价格大幅下跌现象的出现，控股股东还会要求公司进行信息控制（谢德仁等，2016）、进行向上的盈余管理（谢德仁和廖珂，2016）以及进行税收规避（王雄元等，2018）。在风险承担方面，何威风等（2018）发现大股东股权质押显著降低了公司的风险承担，张瑞君等（2017）指出控股股东股权质押显著降低了公司的研发投入。在现金持有方面，李常青等（2018）指出，出于资金占用目的，当质押比例低时，上市公司现金持有水平较低；出于防止控制权转移目的，当质押比例高时，现金持有水平较高。廖珂等（2018）发现控股股东股权质押后，更愿意减少现金股利的分配。

不论是控制权与现金流权分离导致的代理问题，还是控股股东为了防止控制权转移而使上市公司采取的一系列应对措施，都会影响到企业的发展质量，导致资源配置扭曲。当控股股东存在掏空上市公司行为时，公司原有的资源配置方式受到冲击，控股股东将上市公司的资源更多地占为己有、占为己用，必然会影响上市公司的全要素生产率。为了防止控制权转移风险，控股股东让上市公司采取的股票回购、盈余管理、风险控制等措施也不是公司正常经营所必需的，这些措施扰乱了公司正常经营秩序，进一步扭曲了公司的资源配置，降低了公司的全要素生产率。控股股东股权质押后的行为可能会受到其他股东的制约，因此我们认为，控股股东的影响力越大，控股股东股权质押导致的全要素生产率下降越明显。

存在控股股东股权质押的公司中，控股股东的个人行为影响了上市公司的公司行为，在这一系列的影响中，现有文献并没有考虑到股权质押对公司投资行为的影响，而控股股东股权质押后，由于侵占动机，很有可能增加投资，导致投资过度，由于风险规避动机，很有可能减少公司的投资，导致投资不足，无论是投资过度还是投资不足，都是公司的非效率投资，也会进一步降低公司的全要素生产率。因此，我们认为控股股东股权质押会增加公司的非效率投资，进而负面影响公司的全要素生产率。也就是说，非效率投资对控股股东股权质押与上市公司全要素生产率之间的负向关系具有中介效应。

综上所述，提出本书假说：

假说一：控股股东股权质押与上市公司全要素生产率负相关。

假说二：控股股东的影响力越大，控股股东股权质押导致的全要素生产率下降越明显。

假说三：非效率投资对控股股东股权质押与上市公司全要素生产率之间的关系具有中介效应。

4.4.2　数据样本和模型设定

本书选取 2009 ~ 2018 年沪深 A 股制造业上市公司作为研究样本，选取 2009 年以后的数据，能够有效规避金融危机对上市公司的影响，在一定程度上保证了分析结论为稳健性。由于不同行业的生产函数存在较大差异，制造业公司作为经济发展的主力军（焦勇，2020），其投融资结构相对稳定，更适用于投资效率的分析，因此我们选择了制造业上市公司样本。参考王雄元等（2018）的研究，从国泰安（CSMAR）数据库获得第一大股东股权质押样本，即为控股股东股权质押样本，剔除数据不全的样本后，本书共获得 12763 个公司—年度样本，为了避免异常值的影响，本书对所有连续变量进了 1% 的双边缩尾处理。本书其余数据来自于万得（Wind）数据库和国泰安（CSMAR）数据库。

被解释变量：在企业层面，学者们多采用 Cobb - Douglas 生产函数以及超越对数生产函数进行全要素生产率的估计，但这种估计方式可能会产生同时性偏差以及样本选择偏差，针对这一问题，奥利和帕克斯（Olley & Pakes，1996）发展了基于一致半参数的估计方法（OP 方法），可以提供对企业层面生产函数的一致估计，莱文森和佩特里（Levinsohn & Petrin，2003）提出的 LP 估计方法以中间品投入指标代替投资额指标，进一步拓展了半参数估计方法的适用性。为了保证结果的稳健性，本书同时使用 OP 和 LP 两种方法对全要素生产率进行估计。

解释变量：参考谢德仁等（2016）的方法，本书将股权质押（Pledge）变量设定为虚拟变量，当上市公司存在控股股东股权质押时取值为 1，否则为 0。同时在稳健性检验中，我们使用股权质押虚拟变量的滞后一期、股权质押比例（Ple_rat）以及经过倾向得分匹配后的股权质押比例样本进行检验。

中介变量：中介变量非效率投资参考理查森（Richardson，2006）和刘慧龙等（2014）的估计方法，使用如下模型回归所得残差的绝对值来衡量企业的非效率投资：

$$
\begin{aligned}
Invest_t = {} & \beta_0 + \beta_1 Invest_{t-1} + \beta_2 LEV_{t-1} + \beta_3 Cash_{t-1} + \beta_4 AGE_{t-1} \\
& + \beta_5 SIZE_{t-1} + \beta_6 Returns_{t-1} + \beta_7 Growth_{t-1} \\
& + \sum Ind + \sum Year + \xi \qquad (4.4.1)
\end{aligned}
$$

其中，Invest 表示企业的新增投资；LEV 表示资产负债率；Cash 表示现金持有量，等于现金及现金等价物除以总资产；AGE 为公司的上市年限的自然对数，SIZE 为公司总资产的自然对数，Returns 为考虑现金红利再投资的年个股回报率，Growth 为公司营业收入的增长率。对模型（4.4.1）进行分行业、年度后，残差项 ξ 即为企业的非效率投资，当残差大于零时，企业存在投资过度现象，当残差小于零时，企业存在投资不足现象，本书对残差取绝对值，表示企业的非效率投资（Ine_inv）。

控制变量：参考钱雪松（2018）的研究，本书选取企业规模（SIZE）、企业年龄（AGE）、财务杠杆（LEV）、资本密度（Cap_int）、托宾 Q 值（TobinQ）以及股权集中度（Conc）作为控制变量，Z 指数（Z_ind）作为调节变量，见表 4－32。

表 4－32　研究变量的定义

符号	变量名称	测度方法
TFP_OP	全要素生产率（OP）	根据 OP 方法测度的全要素生产率
TFP_LP	全要素生产率（LP）	根据 LP 方法测度的全要素生产率
Pledge	股权质押	存在股权质押取 1，否则取 0
Ple_rat	股权质押比例	股权质押数量与持股数量的比值
Ine_inv	非效率投资	如上文所述
SIZE	公司规模	公司总资产的自然对数
AGE	公司年龄	公司成立时间
LEV	财务杠杆	公司资产负债率
Cap_int	资本密度	固定资产净额与员工人数的比值
TobinQ	托宾 Q 值	公司市值与总资产的比值
Conc	股权集中度	公司第一大股东持股比例
Z_ind	Z 指数	公司第一大股东与第二大股东持股比例的比值

为了考察股权质押对上市公司全要素生产率的影响，本书构建基准回归模型，如模型（4.4.2）所示，被解释变量为采用OP、LP方法测度的上市公司全要素生产率，解释变量为股权质押（Pledge），Control表示上述一系列的控制变量，同时，本书还控制了行业和年份变量。

为了验证假说二，本书构建了回归模型（4.4.3），在模型（4.4.2）的基础上增加了Z指数与股权质押的交叉项。为了验证假说三，参考温忠麟（2004）的研究，本书构建了回归模型（4.4.4）、（4.4.5），与模型（4.4.2）一起构成中介效应检验的回归方程组。

$$TFP_{i,t} = \beta_0 + \beta_1 Pledge_{i,t} + \sum \beta_k Control_{i,t} + \sum Industry + \sum Year + \varepsilon_{i,t} \tag{4.4.2}$$

$$TFP_{i,t} = \beta_0 + \beta_1 Pledge_{i,t} + \beta_2 Z\_ind_{i,t} + \beta_3 Pledge_{i,t} \times Z\_ind_{i,t} + \sum \beta_k Control_{i,t} + \sum Industry + \sum Year + \varepsilon_{i,t} \tag{4.4.3}$$

$$Ine\_inv_{i,t} = \beta_0 + \beta_1 Pledge_{i,t} + \sum \beta_k Control_{i,t} + \sum Industry + \sum Year + \varepsilon_{i,t} \tag{4.4.4}$$

$$TFP_{i,t} = \beta_0 + \beta_1 Pledge_{i,t} + \beta_2 Ine\_inv_{i,t} + \sum \beta_k Control_{i,t} + \sum Industry + \sum Year + \varepsilon_{i,t} \tag{4.4.5}$$

如表4-33所示，以OP和LP方法计算的上市公司全要素生产率具有较大差异，以OP方法计算的最大值为5.540，且样本标准差为0.331，差异较小，以LP方法计算的最大值为14.091，且样本标准差为0.915，差异较大。股权质押的平均值为0.459，说明有45.9%的样本公司控股股东进行了股权质押，非效率投资的样本平均值为0.038，公司规模的平均值为21.984，公司年龄的平均值为16.986，财务杠杆的评价值为0.434，资本密度的平均值为436.502，托宾Q的平均值为2.654，股权集中度的平均数为33.805，第一大股东平均持有公司33%的股权，Z指数的平均数为11.533，第一大股东与第二大股东持股数量之间平均存在11.5倍的差异。

表 4－33　　描述性统计

变量	样本量	平均值	标准差	最小值	最大值
TFP_OP	12762	4.491	0.331	3.638	5.540
TFP_LP	12762	14.091	0.915	11.697	16.398
Pledge	12762	0.459	0.498	0.000	1.000
Ine_inv	12762	0.038	0.037	0.000	0.195
SIZE	12762	21.984	1.193	19.067	25.928
AGE	12762	16.986	5.011	6.000	33.000
LEV	12762	0.434	0.211	0.048	1.099
Cap_int	12762	436.502	503.620	9.251	6355.453
TobinQ	12762	2.654	1.885	0.887	13.142
Conc	12762	33.805	14.332	3.003	89.986
Z_ind	12762	11.533	25.528	1.000	778.166

资料来源：样本数据统计分析所得。

4.4.3　基准回归结果

如表 4－34 所示，在仅控制年份与行业变量时，无论全要素生产率以 OP 方式计算（TFP_OP）还是以 LP 方式计算（TFP_LP），股权质押都显著降低了上市公司的全要素生产率，即存在股权质押公司的全要素生产率明显低于不存在股权质押的公司，在加入了一系列控制变量后，这一结果仍然显著。也就是说，制造业上市公司控股股东股权质押会给公司的高质量发展带来了阻力，导致公司整体资源配置出现扭曲。控制变量中，公司规模、公司年龄、托宾 Q 值以及股权集中度都显著提升了上市公司的全要素生产率，与现有研究一致（钱雪松，2018）。

表 4－34　　基准回归结果

	(1)	(2)	(3)	(4)
	TFP_OP	TFP_LP	TFP_OP	TFP_LP
Pledge	-0.0497^{***} (−8.8705)	-0.1879^{***} (−12.0462)	-0.0248^{***} (−4.7529)	-0.0928^{***} (−9.1781)

续表

	(1)	(2)	(3)	(4)
	TFP_OP	TFP_LP	TFP_OP	TFP_LP
SIZE			0.1361*** (45.7059)	0.6200*** (107.1816)
AGE			0.0009 (1.6083)	0.0078*** (7.3856)
LEV			-0.2352*** (-14.7394)	0.1226*** (3.9391)
Cap_int			-0.0000 (-1.1548)	-0.0003*** (-12.5049)
TobinQ			0.0276*** (12.0437)	0.0216*** (5.1173)
Conc			0.0011*** (6.1325)	0.0042*** (12.2201)
常数项	4.2423*** (210.8727)	14.0967*** (204.0781)	1.3100*** (19.9483)	0.5446*** (4.1618)
年份	控制	控制	控制	控制
行业	控制	控制	控制	控制
N	12762	12762	12762	12762
R^2	0.1565	0.1449	0.3057	0.6766

注：括号内为 t 值，***、** 与 * 分别表示 1%、5% 与 10% 的显著性水平。

如表 4-35 所示，通过加入股权质押与 Z 指数的交叉项，我们发现，交叉项的系数显著为负，即公司第一大股东与第二大股东持股比例的比值越大，股权质押导致的全要素生产率下降越明显。也就是说当第一大股东的持股比例远高于第二大股东时，股东间的制衡作用减弱，控股股东在股权质押后，更容易对公司行为进行操纵，导致公司行为背离股东权益最大化的目标，产生资源配置扭曲，因此，其股权质押行为对上市公司的负面影响更大。

表 4-35　　Z 指数的调节效应

	(1)	(2)
	TFP_OP	TFP_LP
Pledge	-0.0183*** (-3.1958)	-0.0803*** (-7.3669)
Z 指数	0.0002** (1.9884)	0.0006*** (2.8405)
Pledge×Z 指数	-0.0006*** (-3.0797)	-0.0011*** (-2.9495)
SIZE	0.1362*** (45.7024)	0.6204*** (106.9349)
AGE	0.0009 (1.6292)	0.0078*** (7.3755)
LEV	-0.2352*** (-14.7204)	0.1216*** (3.9004)
Cap_int	-0.0000 (-1.1824)	-0.0003*** (-12.5113)
TobinQ	0.0277*** (12.0358)	0.0217*** (5.1393)
Conc	0.0011*** (5.6719)	0.0041*** (11.3979)
常数项	1.3061*** (19.8804)	0.5350*** (4.0780)
年份	控制	控制
行业	控制	控制
N	12762	12762
R^2	0.3061	0.6768

注：括号内为 t 值，***、** 与 * 分别表示 1%、5% 与 10% 的显著性水平。

4.4.4　稳健性检验

为了解决可能存在的内生性问题，我们使用股权质押滞后一期作为解释变量进行回归（李成友等，2020），回归结果如表4－36第（1）~第(4)列所示，股权质押仍然对以OP方法或以LP方法计算的上市公司全要素生产率产生负向影响。同时借鉴谢德仁等(2016)焦勇和杨惠、何威风等（2018）的研究选取同年度、同行业和同省份的股权质押水平平均值（Mean_ple）作为是否有控股股东股权质押的工具变量，采用两阶段最小二乘法进行估计，如表4－36第（5）列第一阶段回归结果所示，股权质押水平平均值与股权质押虚拟变量有显著正相关关系，如表4－36第（6）、第（7）列第二阶段回归结果所示，控股股东股权质押显著降低了上市公司的全要素生产率。

为了解决可能存在的选择性偏误，我们使用质押比例作为解释变量进行回归，同时使用倾向得分匹配（PSM）方法，按公司的规模、年龄、资产负债率、资本密度、托宾Q以及股权集中度对存在股权质押的公司进行最近邻匹配，对匹配后的数据重新进行回归。回归结果如表4－37所示，质押比例与制造业上市公司全要素生产率之间存在负相关关系，质押比例越大，上市公司的全要素生产率越小，而且经过倾向得分匹配后的数据回归结果显示，控股股东股权质押比例与上市公司全要素生产率之间的负相关关系仍然显著。

4.4.5　非效率投资的中介效应

股权质押是股东的个人行为，全要素生产率则反映了公司整体的资源配置效率，那么，股权质押为什么会导致制造业上市公司全要素生产率下降呢？为了进一步探究股权质押与制造业上市公司全要素生产率之间的作用机制，也即为了验证假说三的正确性，我们引入非效率投资变量，考察制造业上市公司非效率投资对两者关系的影响。

表 4-36 稳健性检验一

	(1)	(2)	(3)	(4)	(5)	(6)	(7)
	TFP_OP	TFP_LP	TFP_OP	TFP_LP	第一阶段	第二阶段 TFP_OP	第二阶段 TFP_LP
L. Pledge	-0.0460*** (-7.4143)	-0.1788*** (-10.3180)	-0.0217*** (-3.7766)	-0.0955*** (-8.5879)			
Mean_ple					1.0810*** (76.8687)		
Pledge						-0.0595*** (-5.1456)	-0.1017*** (-4.2425)
控制变量	不控制	不控制	控制	控制	控制	控制	控制
年份	控制	控制	控制	控制	控制	控制	控制
行业	控制	控制	控制	控制	控制	控制	控制
N	10413	10413	10413	10413	12762	12762	12762
R^2	0.1496	0.1439	0.3078	0.6829	0.2914	0.3032	0.6765

注：括号内为 t 值，***、** 与 * 分别表示 1%、5% 与 10% 的显著性水平。

表 4-37　稳健性检验二

	(1)	(2)	(3)	(4)	(5)	(6)	(7)	(8)
	OLS	OLS	OLS	OLS	PSM	PSM	PSM	PSM
	TFP_OP	TFP_LP	TFP_OP	TFP_LP	TFP_OP	TFP_LP	TFP_OP	TFP_LP
Ple_rat	-0.1031*** (-13.5220)	-0.3009*** (-14.4052)	-0.0549*** (-7.6012)	-0.1295*** (-8.8467)	-0.0998*** (-11.6299)	-0.2431*** (-10.4356)	-0.0567*** (-7.0543)	-0.0965*** (-6.0975)
控制变量	不控制	不控制	控制	控制	不控制	不控制	控制	控制
年份	控制	控制	控制	控制	控制	控制	控制	控制
行业	控制	控制	控制	控制	控制	控制	控制	控制
N	12762	12762	12762	12762	9291	9291	9291	9291
R^2	0.1632	0.1486	0.3077	0.6766	0.1723	0.1391	0.3056	0.6572

注：括号内为 t 值，***、** 与 * 分别表示 1%、5% 与 10% 的显著性水平。

一方面，控股股东股权质押导致了控制权与所有权的分离，控股股东股权质押后仍可以继续控制企业，而股票权益则归属于质权人，这就不可避免地产生了第一类代理问题，导致公司不能实现股东权益最大化目标，公司投资决策受到第一类代理问题的影响。另一方面，当控股股东面临由于股权质押可能导致的控制权转移问题时，控股股东与小股东之间的第二类代理问题就会更加突出，控股股东为了保住自己的控制权，倾向于选择低风险的投资决策，而不是使得股东权益最大化的投资决策。因此，股权质押可能会通过影响投资效率进而影响公司的全要素生产率。

如表4－38所示，无论是否控制其他变量，股权质押都显著增加了制造业上市公司的非效率投资，而且非效率投资与股权质押都对制造业上市公司以OP方法计算的全要素生产率产生负向影响。这一结果表明，非效率投资对股权质押与上市公司全要素生产率之间的关系具有中介效应。表4－39则表明非效率投资的中介效应在以LP方法计算全要素生产率时仍然成立。

表4－38　　非效率投资的中介效应（TFP_OP）

	(1)	(2)	(3)	(4)	(5)	(6)
	TFP_OP	非效率投资	TFP_OP	TFP_OP	非效率投资	TFP_OP
Pledge	-0.0497*** (-8.8705)	0.0046*** (6.5754)	-0.0478*** (-8.4992)	-0.0248*** (-4.7529)	0.0039*** (5.5596)	-0.0235*** (-4.4941)
非效率投资			-0.4228*** (-5.2672)			-0.3390*** (-4.4954)
SIZE				0.1361*** (45.7059)	-0.0005 (-1.4501)	0.1359*** (45.7943)
AGE				0.0009 (1.6083)	-0.0004*** (-4.6972)	0.0008 (1.3906)
LEV				-0.2352*** (-14.7394)	0.0075*** (3.9837)	-0.2326*** (-14.5665)

续表

	(1)	(2)	(3)	(4)	(5)	(6)
	TFP_OP	非效率投资	TFP_OP	TFP_OP	非效率投资	TFP_OP
Cap_int				-0.0000 (-1.1548)	0.0000*** (3.7552)	-0.0000 (-1.0403)
TobinQ				0.0276*** (12.0437)	0.0019*** (6.9814)	0.0283*** (12.2929)
Conc				0.0011*** (6.1325)	0.0000 (0.0839)	0.0011*** (6.1476)
年份	控制	控制	控制	控制	控制	控制
行业	控制	控制	控制	控制	控制	控制
常数项	4.2423*** (210.8727)	0.0402*** (14.4507)	4.2593*** (208.0775)	1.3100*** (19.9483)	0.0458*** (5.3750)	1.3255*** (20.2028)
N	12762	12762	12762	12762	12762	12762
R^2	0.1565	0.0237	0.1587	0.3057	0.0349	0.3071

注：括号内为t值，***、**与*分别表示1%、5%与10%的显著性水平。

表4-39　　非效率投资的中介效应（TFP_LP）

	(1)	(2)	(3)	(4)	(5)	(6)
	TFP_LP	非效率投资	TFP_LP	TFP_LP	非效率投资	TFP_LP
Pledge	-0.1879*** (-12.0462)	0.0046*** (6.5754)	-0.1773*** (-11.3907)	-0.0928*** (-9.1781)	0.0039*** (5.5596)	-0.0867*** (-8.6246)
非效率投资			-2.3235*** (-11.2175)			-1.5615*** (-10.6453)
SIZE				0.6200*** (107.1816)	-0.0005 (-1.4501)	0.6192*** (108.0369)
AGE				0.0078*** (7.3856)	-0.0004*** (-4.6972)	0.0073*** (6.9063)
LEV				0.1226*** (3.9391)	0.0075*** (3.9837)	0.1344*** (4.3328)

续表

	(1)	(2)	(3)	(4)	(5)	(6)
	TFP_LP	非效率投资	TFP_LP	TFP_LP	非效率投资	TFP_LP
Cap_int				-0.0003*** (-12.5049)	0.0000*** (3.7552)	-0.0003*** (-12.4697)
TobinQ				0.0216*** (5.1173)	0.0019*** (6.9814)	0.0246*** (5.7721)
Conc				0.0042*** (12.2201)	0.0000 (0.0839)	0.0042*** (12.3214)
年份	控制	控制	控制	控制	控制	控制
行业	控制	控制	控制	控制	控制	控制
常数项	14.0967*** (204.0781)	0.0402*** (14.4507)	14.1901*** (203.1610)	0.5446*** (4.1618)	0.0458*** (5.3750)	0.6162*** (4.7270)
N	12762	12762	12762	12762	12762	12762
R^2	0.1449	0.0237	0.1537	0.6766	0.0349	0.6804

注：括号内为t值，***、**与*分别表示1%、5%与10%的显著性水平。

由于上市公司股权质押引致非效率投资的主要原因是控制权和现金流权的分离，为了进一步验证非效率投资的影响，我们选取可能导致非效率投资的两个变量——大股东掏空、研发投入——来进一步验证①。一方面，当控制权与现金流权分离时，控股股东的掏空动机越强（Bertrand et al.，2002；Bae et al.，2002；郑国坚等，2014），控股股东掏空必然会扭曲制造业上市公司正常的生产、投资规划。另一方面，控股股东为了防止控制权的转移，会更加厌恶风险，而研究与开发项目通常具有较高的风险，因此控股股东在股权质押时，可能会减少公司的研发支出（张瑞君等，2017；何威风等，2018），而研发支出往往是公司的有效投资，因此减少研发支出也会导致非

① 大股东掏空根据郑国坚等（2014）的研究，采用其他应收款与资产总额的比值表示。研发支出根据张瑞君等（2017）的研究采用研发支出与资产总额的比值表示，研发支出数据存在缺失值。

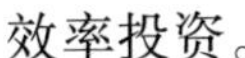

效率投资。

表4－40验证了以上观点，我们发现，无论是否对控制变量进行控制，大股东掏空现象的确增加了上市公司的非效率投资，而且研发支出与投资效率具有显著负相关关系，研发投入越多上市公司的非效率投资越少。因此我们猜测，存在股权质押时，上市公司的大股东掏空现象和缩减研发支出现象作为上市公司非效率投资的具体表现形式，也是可能影响股权质押全要素生产率的中介渠道。表4－41和表4－42验证了我们的猜测，一方面，控股股东股权质押增加了大股东掏空的现象，同时大股东掏空与股权质押同时负向作用于上市公司的全要素生产率，大股东掏空现象是控股股东股权质押影响上市公司全要素生产率的中介渠道。另一方面，控股股东股权质押导致研发投入减少，而研发投入对上市公司全要素生产率具有显著正向影响，因此存在股权质押的公司通过缩减研发投入负向影响了上市公司的全要素生产率。

表4－40　　大股东掏空、研发支出与非效率投资

	(1)	(2)	(3)	(4)
大股东掏空	0.0721*** (4.0048)		0.0576*** (3.0348)	
研发支出		−0.1094*** (−4.2177)		−0.1369*** (−5.3735)
SIZE			−0.0006 (−1.5688)	−0.0008** (−2.0127)
AGE			−0.0004*** (−5.3391)	−0.0004*** (−5.0057)
LEV			0.0066*** (3.4487)	0.0096*** (4.6417)
Cap_int			0.0000*** (3.9737)	0.0000*** (3.4924)

续表

	(1)	(2)	(3)	(4)
TobinQ			0.0018 *** (6.5705)	0.0024 *** (8.0667)
Conc			0.0000 (0.1678)	−0.0000 (−0.2878)
年份	控制	控制	控制	控制
行业	控制	控制	控制	控制
常数项	0.0404 *** (14.2644)	0.0435 *** (13.2112)	0.0482 *** (5.7097)	0.0529 *** (5.8685)
N	12762	11716	12762	11716
R^2	0.0236	0.0215	0.0345	0.0358

注：括号内为 t 值，*** 、** 与 * 分别表示 1%、5% 与 10% 的显著性水平。

表 4－41　　　　　　大股东掏空的中介效应

	(1)	(2)	(3)	(4)	(5)	(6)
	TFP_LP	大股东掏空	TFP_LP	TFP_OP	大股东掏	TFP_OP
Pledge	−0.0928 *** (−9.1781)	0.0024 *** (4.2805)	−0.0915 *** (−9.0389)	−0.0248 *** (−4.7529)	0.0024 *** (4.2805)	−0.0239 *** (−4.5809)
大股东掏空			−0.5466 ** (−2.5603)			−0.3804 *** (−3.9886)
SIZE	0.6200 *** (107.1816)	−0.0017 *** (−5.3284)	0.6191 *** (106.8221)	0.1361 *** (45.7059)	−0.0017 *** (−5.3284)	0.1355 *** (45.3045)
AGE	0.0078 *** (7.3856)	0.0001 ** (2.1902)	0.0079 *** (7.4778)	0.0009 (1.6083)	0.0001 ** (2.1902)	0.0009 * (1.7017)
LEV	0.1226 *** (3.9391)	0.0296 *** (11.1282)	0.1388 *** (4.3433)	−0.2352 *** (−14.7394)	0.0296 *** (11.1282)	−0.2239 *** (−13.6393)
Cap_int	−0.0003 *** (−12.5049)	−0.0000 *** (−4.1643)	−0.0003 *** (−12.5097)	−0.0000 (−1.1548)	−0.0000 *** (−4.1643)	−0.0000 (−1.2424)

续表

	(1)	(2)	(3)	(4)	(5)	(6)
	TFP_LP	大股东掏空	TFP_LP	TFP_OP	大股东掏	TFP_OP
TobinQ	0.0216 *** (5.1173)	0.0018 *** (4.3866)	0.0226 *** (5.3236)	0.0276 *** (12.0437)	0.0018 *** (4.3866)	0.0283 *** (12.2931)
Conc	0.0042 *** (12.2201)	-0.0002 *** (-9.9032)	0.0041 *** (11.8852)	0.0011 *** (6.1325)	-0.0002 *** (-9.9032)	0.0010 *** (5.7466)
年份	控制	控制	控制	控制	控制	控制
行业	控制	控制	控制	控制	控制	控制
常数项	0.5446 *** (4.1618)	0.0452 *** (6.1338)	0.5693 *** (4.3435)	1.3100 *** (19.9483)	0.0452 *** (6.1338)	1.3272 *** (20.1225)
N	12762	12762	12762	12762	12762	12762
R^2	0.6766	0.0753	0.6769	0.3057	0.0753	0.3068

注：括号内为 t 值，***、** 与 * 分别表示 1%、5% 与 10% 的显著性水平。

表 4-42　研发投入的中介效应

	(1)	(2)	(3)	(4)	(5)	(6)
	TFP_LP	研发投入	TFP_LP	TFP_OP	研发投入	TFP_OP
Pledge	-0.1042 *** (-10.8005)	-0.0017 *** (-5.1896)	-0.0918 *** (-9.8419)	-0.0260 *** (-4.9828)	-0.0017 *** (-5.1896)	-0.0221 *** (-4.2723)
研发投入			7.4216 *** (7.3886)			2.3066 *** (7.6078)
SIZE	0.6244 *** (111.5126)	0.0007 *** (3.9597)	0.6188 *** (111.5478)	0.1367 *** (45.6124)	0.0007 *** (3.9597)	0.1350 *** (45.6048)
AGE	0.0061 *** (5.7342)	-0.0002 *** (-5.1355)	0.0074 *** (6.9341)	0.0000 (0.0340)	-0.0002 *** (-5.1355)	0.0004 (0.7640)
LEV	0.1737 *** (5.4975)	-0.0056 *** (-3.3848)	0.2152 *** (6.1673)	-0.2366 *** (-14.8339)	-0.0056 *** (-3.3848)	-0.2237 *** (-13.6017)

续表

	(1)	(2)	(3)	(4)	(5)	(6)
	TFP_LP	研发投入	TFP_LP	TFP_OP	研发投入	TFP_OP
Cap_int	-0.0003*** (-13.8073)	-0.0000*** (-14.9277)	-0.0003*** (-12.5459)	-0.0000** (-2.4309)	-0.0000*** (-14.9277)	-0.0000 (-1.1583)
TobinQ	0.0201*** (5.1444)	0.0018*** (5.7201)	0.0071* (1.8851)	0.0278*** (12.1562)	0.0018*** (5.7201)	0.0238*** (10.5587)
Conc	0.0038*** (11.5642)	0.0000* (1.6825)	0.0037*** (11.5396)	0.0009*** (4.8864)	0.0000* (1.6825)	0.0009*** (4.7322)
年份	控制	控制	控制	控制	控制	控制
行业	控制	控制	控制	控制	控制	控制
常数项	0.6654*** (5.3132)	-0.0091** (-2.1953)	0.7331*** (6.0878)	1.3638*** (20.7272)	-0.0091** (-2.1953)	1.3848*** (21.4286)
N	11716	11716	11716	11716	11716	11716
R^2	0.7057	0.2109	0.7226	0.3139	0.2109	0.3265

注：括号内为t值，***、**与*分别表示1%、5%与10%的显著性水平。

4.4.6 质押比例与投资效率

由于非效率投资有投资过度与投资不足两种形式，我们认为，当质押比例较低时，由于存在控制权与所有权的分离，存在股权质押的公司会增加投资，以期获得更多的收益。而当质押比例较高时，存在控制权转移的风险，控股股东为了防止控制权转移，会减少不必要的投资，甚至会出现投资不足。

为了验证上述猜想，我们对所有存在股权质押的企业的质押比例与投资残差进行了回归，结果如表4-43的第（1）和第（2）列所示，回归表明，质押比例与投资残差具有负相关关系，也就是说，质押比例低时投资残差为正，质押比例高时投资残差为负。为了更清晰地说明以上结论，我们将投资残差三等分，投资残差小于1/3分位点的记为投资不足①，投资残差大于 2/3 分位点的记为投资过度；我们将质押比例三等分，质押比例小于 1/3 分位点的记为低质押比例，质押比例大于 2/3 分位点的记为高质押比例，如表 4 – 43 的第（3）~第（6）列所示，低质押比例导致了投资过度，高质押比例导致了投资不足。

表 4 – 43　　　　质押比例与投资效率②

	(1)	(2)	(3)	(4)	(5)	(6)
	投资残差	投资残差	投资过度	投资过度	投资不足	投资不足
Ple_rat	-0.0129*** (-5.3091)	-0.0096*** (-3.7636)				
低质押			0.0468*** (3.3430)	0.0331** (2.2839)		
高质押					0.0624*** (4.9577)	0.0568*** (4.4280)
SIZE		0.0062*** (6.1430)		0.0409*** (4.9652)		-0.0267*** (-3.3444)
AGE		0.0002 (1.1338)		0.0020 (1.2777)		-0.0060*** (-4.7065)
LEV		-0.0127*** (-2.7191)		-0.0750** (-2.1337)		0.1158*** (3.1844)
Cap_int		-0.0000 (-1.3846)		-0.0000 (-1.0776)		0.0000 (1.1170)
TobinQ		0.0009 (1.4293)		0.0114*** (2.5837)		0.0063 (1.4426)
Conc		0.0001 (1.3269)		0.0012** (2.4083)		-0.0001 (-0.2628)

① 即构造“投资不足”变量，投资残差小于 1/3 分位点的取值为 1，其余取 0。“投资过度”“低质押”与“高质押”变量构造方式与之相同。

② 注：表 4 – 43 中的数据仅考虑存在股权质押的企业。

续表

	(1)	(2)	(3)	(4)	(5)	(6)
	投资残差	投资残差	投资过度	投资过度	投资不足	投资不足
年份	控制	控制	控制	控制	控制	控制
行业	控制	控制	控制	控制	控制	控制
常数项	0.0123 ** (1.9612)	-0.1222 *** (-5.3948)	0.3330 *** (7.1314)	-0.5907 *** (-3.2757)	0.3083 *** (6.9347)	0.8727 *** (4.8997)
N	5860	5860	5860	5860	5860	5860
R^2	0.0162	0.0247	0.0106	0.0166	0.0217	0.0297

注：括号内为 t 值，***、** 与 * 分别表示 1%、5% 与 10% 的显著性水平。

4.5 本章小结

全要素生产率的提高可以综合反映企业技术进步与资源配置效率的提高。企业全要素生产率的提升，从微观层面而言，可以使企业在投入要素不变的情况下增加产出、获得更多利润，提高企业的竞争力；从宏观层面来看，可以使社会总投入要素不变的情况下增加总产出，社会福利水平增加、国家竞争力增加，甚至实现跨越中等收入陷阱的目标。企业创新是企业高质量发展的关键动因，创新驱动型的经济体是国家经济高质量发展的主要表现形式。

本章研究了制造业上市公司网络嵌入对公司全要素生产率的影响，研究发现连锁董事网络、交叉持股网络和担保网络均对上市公司的全要素生产率产生影响。具体而言，在连锁董事网络中占据中心位置的企业具有更高的全要素生产率，而且连锁董事网络效应在内部董事网络与外部董事网络之间存在异质性，外部连锁董事网络能够为企业的资源配置效率提供更多的信息和位置优势。进一步研究发现，在连锁董事网络占据中心位置的企业具有更低的债务成本，进而提高了全要素生产率。连锁董事网络中的中心度指标增强了企业的创新投入比重，而结构洞限制度指标减弱了企业的创新投入比重。而且，相较于内部连锁董事网络，外部连锁董事网络对促进企业创新投入的作用更大。连锁董事网络对企业创新投入的影响可以通过企业专利的申请量和授权量体现。

连锁董事网络对于企业全要素生产率的提升具有显著促进作用，在连锁董事网络中占据中心位置的企业能够增强自身的资源配置能力，这对企业自身的高质量发展具有重要意义。全要素生产率提高能够克服劳动力投入、资本深化带来的规模报酬递减等问题，是企业自身提高发展质量的有效途径，也是一个经济体提高整体发展质量的有效途径，企业应该重视自身连锁董事网络的搭建，在满足自身发展战略的同时，积极搭建能够带来资源与信息的连锁董事网络关系，尤其是建立良好的外部连锁董事网络。

交叉持股网络方面，在交叉持股网络中占据中心位置的企业具有更高的全要素生产率。交叉持股网络的无向程度中心度越高，上市公司的全要素生产率越高，上市公司持有其他上市公司股票的家数越多，企业的全要素生产率越高。而如果上市公司可以通过交叉持股网络更容易的连接到其他上市公司，不论是通过持股还是被持股，公司的资源配置效率都会提升。当上市公司处于交叉持股网络桥梁位置时，企业的全要素生产率会有所提高。上市公司越偏离交叉持股网络结构洞位置，公司的资源配置表现越差。因此，通过交叉持股网络搭建上市公司之间的关联关系，也可以成为公司增强资源配置能力的一种方式。

具有金融背景的 CEO 所在的公司，在交叉持股网络中具有更高的中心度。这与决策执行者的烙印理论相关，可见 CEO 具有金融背景，对上市公司的交叉持股网络具有正向促进作用，具有金融背景的 CEO 更希望自己公司能够处在交叉持股网络的中心位置。大股东掏空弱化了交叉持股网络的正向作用。上市公司应该审慎对待交叉持股网络，加强大股东行为监管机制。要考虑到交叉持股网络在优化公司资源配置的同时，还可能会带来的负面影响。

担保网络方面，加入担保网络中的上市公司会有更低的全要素生产率，当制造业上市公司出于某些原因需要其他制造业上市公司提供担保时，其自身的资源配置效率也明显下降。当制造业上市公司是担保方时，为其他上市公司提供担保也会降低其资源配置效率。上市公司应该尽量避免与其他公司产生担保关系，以免影响自身合理的资源配置能力。担保网络对企业全要素生产率的影响存在异质性，非国有企业受到的影响更大，而非国有企业加入担保网络的动机也更大，因此，相关部门应该采取措施，积极的帮助非国有企业解决其面临的困难，减小非国有企业受到的阻碍，从而减弱非国有企业加入担保网络的动机。

企业创新投入是担保网络导致企业全要素生产率下降的中介变量。高端制造业是我国制造业发展的前进方向，引领我国制造业的可持续发展，支撑我国国民经济建设，强化我国国防建设，从而打牢我国实体经济发展的基础。担保网络减弱上市公司创新投入的积极性，进一步减弱了企业的资源配置效率，因此在上市公司加入担保网络后，应该更加关注企业创新，而非减弱创新投入。

股权质押作为控股股东重要融资途径之一，不仅是控股股东的个人行为，而且对上市公司行为产生了一定的影响，进而影响了上市公司的发展质量。通过对 2009 ~ 2018 年制造业上市公司的数据进行分析，本书发现控股股东股权质押行为降低了上市公司的全要素生产率。而且控股股东对公司的影响力越强，这一现象越明显，即在具有“一股独大”现象的上市公司中，控股股东的话语权更大，其个人行为对公司行为的影响更为严重。上市公司的高质量发展是我国经济整体高质量发展的重要推动力，控股股东的个人股权质押行为导致上市公司出现资源配置扭曲，这可能会在一定程度上阻碍我国经济高质量发展进程。

通过对上市公司非效率投资中介效应的分析，本书发现，控股股东股权质押行为导致了上市公司的非效率投资，进而影响了公司的全要素生产率。控股股东股权质押产生严重代理问题，控股股东会迫使上市公司改变正常的投资模式，产生非效率投资。同时本书还发现，股权质押的公司中，为了防止控制权转移，质押比例高的公司存在投资不足现象，为了攫取更多控制权私利，质押比例低的公司存在投资过度现象。本书的研究丰富了股权质押行为经济后果的研究，揭示出控股股东股权质押行为与上市公司整体生产效率的负相关关系，股权质押行为应引起上市公司的重视，相应监管部门也应加强对这一行为的监督管理。

第5章　企业网络嵌入与组织韧性

5.1　连锁董事、融资约束与组织韧性

5.1.1　理论分析与研究假说

韧性（resilience）一词最早是由霍林（Holling，1973）在生态学领域提出，用来描述系统的某种能力或者特性，即当系统受到冲击后，系统能够保持原有的机构和能力，并且能够恢复到初始的状态。经济韧性，指的是当一个经济体受到冲击时，其保持原有状态或者恢复到原有发展路径的能力。细化到组织韧性的角度，当组织所处的网络出现变故，组织受到致命伤害时，组织一方面要抵抗这种伤害，另一方面要保持竞争的地位，这是十分困难的。因此，当组织的内部或者外部受到冲击时，组织本身相应地会有一定的抵御和应对危机的能力以及恢复的能力，本书把它定义为组织韧性。一个具有韧性的企业在面对风险时能够迅速调整其组织战略，减弱乃至抵消冲击，从而获得相对稳定的收益，因此一个企业组织韧性的大小可以用来衡量该企业发展质量的好坏。

在人力资本理论和社会资本理论中，个人的教育背景和经历作为个人资本被参与者带入组织，个人的社会关系网络和组织的社会关系网络一样，都有助于组织韧性的开发。在研究社会资本和社会网络

时，组织理论学者们很重视社会资本和社会关系在企业组织韧性中的作用。吉特尔（Gittell，2006）及同事们研究了“911”事件过后的十家航空公司，经过分析发现，组织韧性受社会关系的影响很显著。具体来说，由于预测效应的存在，积极的社会关系对于组织韧性的增强有着积极的影响，这是因为积极的社会关系在一定时间内，会一定程度上有助于获得低成本和低水平的债务，由此帮助组织更容易在外部动荡的时候继续履行义务，从而既可以加强社会关系，也可以提高组织绩效。

当组织处于危机或者逆境中时需要帮助和建议，此时组织所拥有的社会网络关系可以充分地发挥作用。组织韧性存在于组织外部的社会关系之中，也存在于组织内部的成员关系之中，当组织需要时，随时会发挥作用。相对来说，良好积极的社会网络关系对于组织渡过难关以及恢复运转具有积极的作用。那么上市公司连锁董事网络嵌入对其组织韧性有什么影响呢?

当上市公司处于连锁董事网络中心位置时，企业在面临危机时，往往能够得到最快速、最有效的支持。因为处于连锁董事网络的中心位置，意味着上市公司能够通过连锁董事获得其他公司优质信息，更早地察觉到市场中可能存在的危机，从而防范风险于未然。当其他上市公司出现危机情况时，通过连锁董事的信息传导作用，公司可以在出现危机以前就将其扼杀于摇篮中。同时，如果上市公司由于经营不善等失误真的陷入经济困境时，公司可以借助其强大的连锁董事关系网络获得更好的改正建议，从而更及时、更好地修正失误，因为连锁董事网络是公司之间一种相对较强的联系，公司之间存在更多的利益关联，通过连锁董事网络渡过难关也是避免危机进一步蔓延的一种有效的办法。此外，由于处于连锁董事网络中的中心位置，上市公司可以有效地管理风险，正如前一章所论证的那样，公司的管理层可以更好地进行资源配置，因此也就能够通过连锁董事网络进行相应的风险配置，从而达到抵御风险的目的。那么当上市公司处于连锁董事网络的中心位置时，公司能够通过连锁董事网络获得良好的支撑，从而更具韧性。

由于连锁董事网络可以分为内部连锁董事网络和外部连锁网络，内部连锁董事网络通常是一种相对较强的关系，导致上市公司之间的信息存在较强的同质性，信息的关联度更高，因此有可能使上市公司更容易陷入波动性的经济困境，而外部连锁董事网络相对来说能够带来更多的异质性信息，是上市公司获取不同信息的重要来源，信息的多样性让上市公司能够作出更加全面的预判，减少由于不确定性带来的冲击。因此，由于外部连锁董事网络的存在，处于中心位置的上市公司既可以通过多样化的信息获取预测以及方法危机，又可以通过优势资源的集中，抵御危机、从危机中恢复到初始状态。所以，外部连锁董事网络的优势位置能够使上市公司更具有韧性。

连锁董事网络在获取以信息、资金和物质为代表的资源时，具有独特优势（Wernerfelt，1984；Smith，2009），多家公司之间的多个连锁董事网络关系也就形成了相互交织的董事网络，网络内的董事可以更方便地进行交流与沟通。董事会之间的兼任关系为所在公司提供了信息交流的平台，连锁董事可以从任职的一家公司学到的知识以及获得的信息用于或者传递给任职的另一家公司。董事社会关系的存在，可能会加强两个公司的关系，这种关系加强可能会有利于双方的交换行为（Mizruchi，1996）。在连锁董事网络中占据中心位置的企业能够更好地进行资源协调，也就意味着占据优势位置的企业可能面临更低的融资约束，而更低的融资约束意味着企业在资金配置方面更具能动性，能够更有效地配置资产，从而更具韧性。

因此，可以提出以下假说：

假说一：连锁董事网络优势位置增加了企业的组织韧性。

假说二：外部连锁董事网络对组织韧性具有更强的促进作用。

假说三：融资约束对连锁董事网络与企业组织韧性之间的关系具有中介效应。

5.1.2 数据样本和模型设定

为了分析的一致性，本章分析仍然选用我国 A 股制造业上市公司2009～2017年的数据，对研究假说进行分析与检验。本章数据来自于国泰安数据库和Wind数据库，对所有连续变量进行了Winsorize缩尾处理（上下1%分位数）。为了验证前文假说，将模型设定如下：

$$Resilience_{i,t} = \beta_0 + \beta_1 Network_{i,t-1} + \sum \beta_k Control_{i,t} + \sum Year + \sum Ind + \varepsilon_{i,t} \quad (5.1.1)$$

其中，Resilience表示制造业上市公司的组织韧性，Network表示根据连锁董事网络（包括内部董事网络和外部董事网络）计算的中心度和结构洞等变量，Control是控制变量的集合，ε是残差项，此外回归中还控制了年份和行业变量。

为了验证假说三，本书参照温忠麟（2014）的研究设定模型（5.1.2）和（5.1.3），其中KZ是根据KZ指数方法计算的上市公司的融资约束值。

$$KZ_{i,t} = \alpha_0 + \alpha_1 Network_{i,t-1} + \sum \alpha_k Control_{i,t} + \sum Year + \sum Ind + \varepsilon_{i,t} \quad (5.1.2)$$

$$Resilience_{i,t} = \gamma_0 + \gamma_1 Network_{i,t-1} + \gamma_2 KZ_{i,t} + \sum \gamma_k Control_{i,t} + \sum Year + \sum Ind + \varepsilon_{i,t} \quad (5.1.3)$$

被解释变量是上市公司的组织韧性，在纳塔利娅和班萨尔（Natalia & Bansal，2016）的研究中提出了一种有效的上市公司组织韧性测量的方法，他们使用上市公司的年化波动率来衡量公司的组织韧性，因为当一个公司有韧性时，就能更好地抵御潜在的风险，从而收益率也就更加平滑。这一测定方法也被吕等（Lv et al.，2019）用于分析中国问题，因此本书借鉴以上学者的研究，采用上市公司的年化波动率来衡量公司的组织韧性，在主回归中使用不考虑现金红利再投资的年个股回报率进行计算，在稳健性检验中使用考虑现金红利再投资的年个股回报率进行进一步验证。

解释变量是根据上市公司连锁董事网络计算的公司结构洞限制度特征以及网络中心度，包括程度中心度、加权程度中心度、中介中心度和接近中心度，以及根据内部董事网络和外部董事网络分别计算的网络特征值。为了加以区分，本书中根据整体连锁董事网络计算的网络特征值加上后缀“全”，根据内部连锁董事网络计算的网络特征值加上后缀“内”，根据外部连锁董事网络计算的网络特征值加上后缀“外”。

中介变量是制造业上市公司的融资约束情况。本书借鉴卡普兰和津加莱斯（Kaplan & Zingales，1997）所提出的KZ指数计算方法，根据企业的现金股利、货币资金占比、经营现金流占比、资产负债率、托宾Q值计算出企业的融资约束系数。

选取企业年龄（AGE）、“托宾Q”系数（托宾Q）、企业盈利能力（ROA）、企业性质（SOE）、资产负债率（LEV）和固定资产占比（FIXS）=（固定资产/总资产）作为控制变量。

如表5-1所示，制造业上市公司的年化波动率之间存在较大差异，最小值为0.0085，而最大值则达到33.1244，但平均而言制造业上市公司的年化波动率在0.5303左右，另外企业年龄、“托宾Q”系数、企业盈利能力、企业性质、资产负债率和固定资产占比与前文相差不大，不再赘述。以上市公司连锁董事网络为基础计算的公司结构洞限制度特征与中心度特征相比，表现出更大的差异性。

表5-1　描述性统计

变量	mean	p25	p50	p75	min	max
组织韧性	0.5303	0.3725	0.4521	0.5708	0.0085	33.1244
结构洞限制度_全	0.4435	0.2487	0.3576	0.5211	0.0813	1.3889
程度中心度_全	0.0020	0.0010	0.0018	0.0027	0.0003	0.0120
加权程度中心度_全	0.0021	0.0011	0.0018	0.0027	0.0003	0.0127
接近中心度_全	0.1676	0.1552	0.1728	0.1879	0.0006	0.2365
中介中心度_全	0.0017	0.0000	0.0009	0.0023	0.0000	0.0335
KZ指数	0.4204	-0.512	0.5698	1.4251	-14.9174	12.79
AGE	2.7192	2.4849	2.7726	2.9444	0.6931	4.1271
LEV	0.4077	0.2327	0.3896	0.5620	0.0467	1.1285

续表

变量	mean	p25	p50	p75	min	max
托宾 Q	3.0076	1.6402	2.3495	3.6243	0.9400	13.1417
ROA	0.0411	0.0137	0.0398	0.0711	-0.2424	0.2201
SOE	0.3235	0.0000	0.0000	1.0000	0.0000	1.0000
固定资产占比	0.2354	0.1251	0.2075	0.3212	0.0094	0.6606

资料来源：Stata 14.0 运算估计结果。

5.1.3　基准回归结果

表 5-2 给出了连锁董事网络结构特征与组织韧性的回归结果，回归结果显示，当制造业上市公司所处连锁董事网络的结构洞限制度较高时，公司的年化波动率会更高，也就是说，当上市公司更不容易通过连锁董事网络连接到其他上市公司时，该公司的年个股回报率的波动性越大，说明公司的经营状况更不稳定，出现了较大波动。而回归结果中，公司连锁董事网络的程度中心度的回归系数显著为正，即当上市公司通过连锁董事网络与其他上市公司产生更多的直接关联时，公司的年化波动率会显著下降，这验证了前文的分析，连锁董事作为一种社会资源能够提高上市公司的组织韧性。

表 5-2　　连锁董事网络与组织韧性

	(1)	(2)	(3)	(4)	(5)
L. 结构洞限制度_全	0.0293*** (5.1051)				
L. 程度中心度_全		-7.0858*** (-6.1008)			
L. 加权程度中心度_全			-7.1876*** (-7.3480)		
L. 接近中心度_全				-0.2313*** (-5.6397)	

续表

	(1)	(2)	(3)	(4)	(5)
L. 中介 中心度_全					-3.9360 *** (-5.3673)
常数项	0.4324 *** (37.3724)	0.4661 *** (40.4017)	0.4674 *** (41.3667)	0.4785 *** (39.0619)	0.4594 *** (42.1673)
行业	控制	控制	控制	控制	控制
年份	控制	控制	控制	控制	控制
N	10223	10223	10223	10223	10223
R^2	0.1066	0.1068	0.1070	0.1066	0.1070

注：括号内为 t 值，*** 、** 与 * 分别表示 1%、5% 与 10% 的显著性水平。

同样，上市公司连锁董事网络的加权中心度、中介中心度和接近中心度的回归系数也显著为负，即当上市公司处于连锁董事网络中的通过加权计算的中心位置时，其组织韧性更高，当上市公司处于连锁董事网络的中间位置，能够通过董事网络联通更多的公司时，其也更容易抵御危机，或在危机发生后及时应对危机。同样，当上市公司能够更容易通过董事网络连接到其他上市公司时，即其接近中心度越高，就会有更高的组织韧性。

表 5-3 是添加控制变量后的回归结果，回归结果显示，上市公司的上市年限越久其抵御风险的能力越强，即市场表现越稳定，这也与现实生活中观察到的现象相一致，新上市的公司往往出现不稳定、市场波动性大的情况。另外，国有企业的年化波动率要小于非国有企业。解释变量方面，与没有添加控制变量的回归结果基本一致，处于连锁董事网络中心位置的制造业上市公司具有更强的组织韧性，能够更好地抵御风险，连锁董事网络作为上市公司重要的一类社会关系，能够有效帮助公司抵御风险、应对危机，以及从危机中迅速恢复。

表 5－3　　　　连锁董事网络与组织韧性（添加控制变量）

	(1)	(2)	(3)	(4)	(5)
L. 结构洞限制度_全	0.0162*** (2.9290)				
L. 程度中心度_全		-4.0923*** (-3.6596)			
L. 加权程度中心度_全			-3.9947*** (-4.0264)		
L. 接近中心度_全				-0.1486*** (-3.8548)	
L. 中介中心度_全					-2.6100*** (-3.1937)
AGE	-0.0342** (-1.9689)	-0.0339* (-1.9500)	-0.0337* (-1.9391)	-0.0340* (-1.9564)	-0.0337* (-1.9565)
LEV	0.0655 (1.2532)	0.0661 (1.2632)	0.0662 (1.2625)	0.0653 (1.2454)	0.0666 (1.2576)
托宾 Q	0.0195*** (10.7021)	0.0194*** (10.6281)	0.0194*** (10.6164)	0.0196*** (10.8364)	0.0194*** (10.6969)
ROA	-0.0761 (-1.0832)	-0.0723 (-1.0326)	-0.0711 (-1.0100)	-0.0751 (-1.0684)	-0.0725 (-1.0105)
SOE	-0.0211** (-2.3807)	-0.0209** (-2.3696)	-0.0205** (-2.3375)	-0.0211** (-2.3986)	-0.0206** (-2.4277)
固定资产占比	-0.0390 (-1.0533)	-0.0392 (-1.0581)	-0.0392 (-1.0570)	-0.0390 (-1.0525)	-0.0399 (-1.0717)
常数项	0.4148*** (11.4281)	0.4312*** (11.8310)	0.4307*** (11.7704)	0.4432*** (12.1095)	0.4277*** (11.6279)
行业	控制	控制	控制	控制	控制
年份	控制	控制	控制	控制	控制
N	9882	9882	9882	9882	9882
R^2	0.1110	0.1110	0.1111	0.1110	0.1111

注：括号内为 t 值，***、** 与 * 分别表示 1%、5% 与 10% 的显著性水平。

5.1.4 董事性质异质性分析

表5-4和表5-5分别是外部连锁董事网络和内部连锁董事网络对制造业上市公司组织韧性影响的回归结果，如表5-4所示，外部连锁董事网络的结构洞限制度显著增加了公司的年化波动率，而以程度中心度为主的中心度指标则显著减少了公司的年化波动率，从而有利于上市公司的组织韧性。如表5-5所示，以内部连锁董事网络为基础计算出的上市公司结构限制度对公司的年化波动率影响为正，但不显著。同样以内部董事网络计算出的程度中心度对公司的年化波动率影响为负，但不显著。说明内部董事网络对制造业上市公司的组织韧性的影响并不明显，尽管以内部董事网络计算出的中介中心度和程度中心度有利上市公司增强组织韧性，但其作用效果并不如外部董事网络。因此这两个组回归结果的对比，验证了外部董事网络信息更具多样化的假说，外部董事网络对制造业上市公司的影响更显著。

表5-4　　外部连锁董事网络与组织韧性

	(1)	(2)	(3)	(4)
结构洞限制度_外	0.0286** (2.2696)			
程度中心度_外		-8.6385*** (-3.6038)		
中介中心度_外			-3.2856*** (-3.9030)	
接近中心度_外				-0.1815** (-1.9738)
常数项	0.8530*** (16.4384)	0.8897*** (16.5235)	0.8790*** (16.5576)	0.8863*** (16.4192)
控制变量	控制	控制	控制	控制

续表

	(1)	(2)	(3)	(4)
行业	控制	控制	控制	控制
年份	控制	控制	控制	控制
N	11304	11304	11304	11304
R^2	0.1058	0.1060	0.1061	0.1057

注：括号内为 t 值，***、** 与 * 分别表示 1%、5% 与 10% 的显著性水平。

表 5－5　　　　内部连锁董事网络与组织韧性

	(1)	(2)	(3)	(4)
结构洞限制度_内	0.0236 (1.3235)			
程度中心度_内		－0.8890 (－0.2720)		
中介中心度_内			－14.4073** (－2.2633)	
接近中心度_内				－2.5522* (－1.6957)
常数项	0.6967*** (11.6669)	0.7210*** (11.9640)	0.7183*** (12.2710)	0.7313*** (12.2131)
控制变量	控制	控制	控制	控制
行业	控制	控制	控制	控制
年份	控制	控制	控制	控制
N	3710	3710	3710	3710
R^2	0.3071	0.3067	0.3069	0.3073

注：括号内为 t 值，***、** 与 * 分别表示 1%、5% 与 10% 的显著性水平。

5.1.5　融资约束中介效应检验

表 5－6 列出了连锁董事网络特征对制造业上市公司融资约束程

度的影响，第（1）列的回归结果表明，制造业上市公司在连锁董事网络中受到的结构洞限制越大，其融资约束程度越大，在第（2）～第（5）列中连锁董事网络的中心度特征显著负向影响了企业的融资约束程度，即制造业上市公司在连锁董事网络中越是占据中心位置，其 KZ 指数越小。具体而言，当上市公司连锁董事网络的程度中心度越大，其融资约束程度越小，而这一结论在考虑了公司间多重连锁董事任职后，仍然成立。制造业上市公司越容易通过连锁董事网络关联到其他上市公司，其融资约束程度越低。制造业上市公司在连锁董事网络中越是处于中介位置，其融资约束程度越低。

表 5－6　　　　连锁董事网络与融资约束

	(1)	(2)	(3)	(4)	(5)
L. 结构洞限制度_全	0.2081*** (3.4644)				
L. 程度中心度_全		－47.2691*** (－3.7562)			
L. 加权程度中心度_全			－45.2170*** (－3.8268)		
L. 接近中心度_全				－1.9086*** (－3.8509)	
L. 中介中心度_全					－17.0311*** (－2.7404)
常数项	－2.1010*** (－8.4734)	－1.8756*** (－7.6281)	－1.8842*** (－7.6676)	－1.7427*** (－6.9443)	－1.9352*** (－7.8808)
控制变量	控制	控制	控制	控制	控制
行业	控制	控制	控制	控制	控制
年份	控制	控制	控制	控制	控制
N	9509	9509	9509	9509	9509
R^2	0.5240	0.5244	0.5245	0.5242	0.5238

注：括号内为 t 值，***、** 与 * 分别表示 1%、5% 与 10% 的显著性水平。

表5-7给出了融资约束的中介效应检验的最后一步回归结果，表格的第二行显示，KZ 指数明显增加了制造业上市公司的年化波动率，而结构洞限制度对年化波动率也有增强效应，而公司的程度中心度、加权程度中心度、接近中心度以及中介中心度则明显降低了上市公司的年化波动率，增强了组织韧性。因此，根据温忠麟（2014）的中介效应模型判定方法，融资约束对连锁董事网络与制造业上市公司组织韧性之间的关系具有中介效应。

表 5-7　　　　融资约束的中介效应

	(1)	(2)	(3)	(4)	(5)
KZ 指数	0.0039 ** (2.3087)	0.0038 ** (2.2682)	0.0038 ** (2.2467)	0.0038 ** (2.2702)	0.0038 ** (2.2410)
L. 结构洞限制度全	0.0106 * (1.8912)				
L. 程度中心度_全		-3.1090 *** (-2.7427)			
L. 加权程度中心度_全			-3.0967 *** (-3.0592)		
L. 接近中心度_全				-0.1302 *** (-3.2877)	
L. 中介中心度_全					-2.2459 ** (-2.5685)
常数项	0.4039 *** (9.3009)	0.4152 *** (9.5129)	0.4148 *** (9.4614)	0.4265 *** (9.6431)	0.4130 *** (9.3665)
控制变量	控制	控制	控制	控制	控制
行业	控制	控制	控制	控制	控制
年份	控制	控制	控制	控制	控制
N	8886	8886	8886	8886	8886
R^2	0.1060	0.1060	0.1060	0.1060	0.1061

注：括号内为 t 值，***、** 与 * 分别表示 1%、5% 与 10% 的显著性水平。

5.1.6 替换变量稳健性检验

表5-8是稳健性检验的结果，通过将被解释变量替换为以不考虑现金红利再投资的年个股回报率计算的年化波动率后，可以发现，制造业上市公司在连锁董事网络所处的位置对其组织韧性有显著的影响，可以体现在结构洞限制度越大，其波动率越大，中心度越高，其组织韧性越好。

表5-8 稳健性检验（替换被解释变量）

	(1)	(2)	(3)	(4)	(5)
L. 结构洞限制度_全	0.0164*** (2.9491)				
L. 程度中心度_全		-4.1439*** (-3.6975)			
L. 加权程度中心度_全			-4.0473*** (-4.0685)		
L. 接近中心度_全				-0.1504*** (-3.8953)	
L. 中介中心度_全					-2.6282*** (-3.2149)
常数项	0.4146*** (11.4134)	0.4311*** (11.8207)	0.4305*** (11.7601)	0.4433*** (12.1021)	0.4275*** (11.6165)
控制变量	控制	控制	控制	控制	控制
行业	控制	控制	控制	控制	控制
年份	控制	控制	控制	控制	控制
N	9882	9882	9882	9882	9882
R^2	0.1111	0.1112	0.1112	0.1112	0.1113

注：括号内为t值，***、**与*分别表示1%、5%与10%的显著性水平。

5.2　交叉持股、金融化水平与组织韧性

5.2.1　理论分析与研究假说

除了连锁董事网络外，企业间的交叉持股网络也是企业形成关联的一种重要形式，交叉持股网络是上市公司直接或者间接持有其他上市公司的股票从而形成的持股关系网络，在这一网络关系中上市公司之间通过持股契约达成了相对明确的利益关系，上市公司交叉持股现象在我国股票市场也较为常见，是上市公司投、融资战略的重要方式之一，但这一关系是否有利于公司的组织韧性呢？由于上市公司的组织韧性是其抵御危机、化解危机的能力，处在交叉持股网络中心位置的上市公司能够比其他公司更好地抵御风险吗？

交叉持股网络作为上市公司主动或被动参与股票市场利益关系的一种方式，有学者认为规避交易风险、抵制恶意收购和获取垄断利润等是企业间交叉持股的最主要原因，即上市公司通过交叉持股可以在一定程度上降低交易风险，提高市场效率（Klein et al.，1978），增强契约关系的治理机制（Williamson，1979），增强管理者的管理权、抵制收购（Sheard，1994；Nyberg，1995）以及增加利润（Clayton & Jorgensen，2005）。因此上市公司参与交叉持股网络这一现象，往往可以作为上市公司积极参与获利项目的信号。而且交叉持股网络的上述优势能够让公司获得更多的人力资本和资金支持，从而在面对危机问题时从容应对。所以，有理由认为上市公司交叉持股网络位置优势能够增加公司的组织韧性。

但由于系统性风险的存在，股票市场总会存在一定的风险，因而持股其他上市公司也可能会导致公司本身受到影响。即股票市场的风险可能会通过交叉持股网络进行传染，这时候，交叉持股网络本身对上市公司的威胁可能要高于其带来的人力资本与经济资本支持，处于

交叉持股网络中心位置的企业往往更容易暴露在风险之中。当上市公司持股的公司出现问题时，其持有的投资性资产缩水，从而可能导致其自身的财务水平出现问题，而当上市公司出现问题时，其他持有该上市公司股票的公司可能会抛售其持有的股票以求自保，从而进一步恶化上市公司本身的财务状况，导致股票价格的连锁下降。也就是说，处于交叉持股网络中心位置的企业，可能由于交叉持股网络的联动性和传染性，面临更大的风险敞口，也就具有更差的组织韧性。

基于以上两种不同的思路，本章提出以下假说：

假说一 a：在交叉持股网络中，占据优势位置的上市公司具有更好的组织韧性。

假说一 b：在交叉持股网络中，在中心位置的上市公司具有更差的组织韧性。

由于房地产等行业的兴起，经济脱实向虚的趋势开始出现，上市公司也逐渐参与到这一过程中，他们不断将资金配置到金融部门，而非实体部门，导致资金在金融部门空转，而实体部门不能享受资金带来的便利，越来越多的非金融上市公司通过金融或者房地产业盈利，金融化趋势加剧（彭俞超等，2018；李成友等，2021）。那么上市公司金融化会对交叉持股网络与公司组织韧性之间的关系产生什么影响呢？由于上市公司的金融化行为，会导致更多的资源倾斜于金融资产，交叉持股网络与上市公司组织韧性的关系会受到公司资源结构的影响，资源结构越倾斜于金融部门，上述关系就越可能被抵消，因此，金融化行为会对上述关系产生反向调节作用。

假说二：金融化水平对交叉持股网络与组织韧性之间的关系具有反向调节效应。

5.2.2 数据样本和模型设定

为了分析的一致性，本章分析仍然选用我国 A 股制造业上市公司 2009 ~ 2017 年的数据，对研究假说进行分析与检验。本章数据来自于国泰安数据库和 Wind 数据库，对所有连续变量进行了 Winsorize

缩尾处理（上下 1% 分位数）。为了验证假说一，设定模型（5.2.1）如下：

$$Resilience_{i,t} = \beta_0 + \beta_1 Net\_cross_{i,t} + \sum \beta_k Control_{i,t} + \sum Year + \sum Ind + \varepsilon_{i,t} \quad (5.2.1)$$

其中，Resilience 表示制造业上市公司的组织韧性，用年化波动率计算，Net_cross 表示根据有向交叉持股网络计算的中心度和结构洞等变量，Control 是控制变量的集合，ε 是残差项，此外回归中还控制了年份和行业变量。

为了验证假说二，设定模型（5.2.2）如下：

$$Resilience_{i,t} = \beta_0 + \beta_1 Net\_cross_{i,t} + \beta_2 Financial_{i,t} + \beta_3 Net\_cross_{i,t} \times Financial_{i,t} + \sum \beta_k Control_{i,t} + \sum Year + \sum Ind + \varepsilon_{i,t} \quad (5.2.2)$$

其中，Financial 表示公司金融化行为，根据彭俞超等（2018）将交易性金融资产、衍生金融资产、可供出售金融资产、持有至到期投资和投资性房地产等五个科目划分为金融资产，将金融资产占资产总额的比例作为公司金融化衡量指标。

被解释变量是上市公司的组织韧性，仍采用在纳塔利娅和班萨尔（2016）和吕等（2019）的方法采用上市公司的年化波动率来衡量公司的组织韧性，在主回归中使用不考虑现金红利再投资的年个股回报率进行计算，在稳健性检验中使用考虑现金红利再投资的年个股回报率进行进一步验证。

解释变量是根据上市公司交叉持股网络计算的企业结构洞特征（结构洞限制度）以及网络中心度。由于上市公司交叉持股网络是有向网络，即 A 上市公司持有 B 上市公司的股票，与 B 上市公司持有 A 上市公司的股票是不同的。因此，企业的网络中心度包括无向程度中心度（程度中心度_all）、点入度中心度（程度中心度_input）、点出度中心度（程度中心度_output）、无向接近中心度（接近中心度_all）、点入接近中心度（接近中心度_input）、点出接近中心度（接近中心度_output）和中介中心度（中介中心度）。

选取企业年龄（AGE）、“托宾 Q”系数（托宾 Q）、企业盈利能力（ROA）、企业性质（SOE）和资产负债率（LEV）作为控制变量。

如表 5-9 描述性统计所示，存在于交叉持股网络的制造业上市公司股票价格的年化波动率之间存在较大差异，最小值只有 0.0051，而最大值则达到 23.7695，但平均而言制造业上市公司的年化波动率在 0.6020 左右，另外企业年龄、“托宾 Q”系数、企业盈利能力、企业性质（SOE）、资产负债率和固定资产占比与前面内容相差不大，不再赘述。以上市公司交叉持股网络为基础计算的公司结构洞限制度特征与中心度特征相比，表现出较大的差异性。由于上市公司交叉持股网络是有向网络，即 A 上市公司持有 B 上市公司的股票，与 B 上市公司持有 A 上市公司的股票是不同的。因此，在本章样本中交叉持股网络的点入度中心度和点出度中心度对不同上市公司而言是不相同的。

表 5-9　描述性统计

变量	mean	p25	p50	p75	min	max
组织韧性	0.6020	0.3824	0.4775	0.6419	0.0051	23.7695
程度中心度_all	0.0028	0.0011	0.0017	0.0030	0.0009	0.2128
程度中心度_input	0.0014	0.0000	0.0010	0.0017	0.0000	0.0674
程度中心度_output	0.0014	0.0000	0.0000	0.0011	0.0000	0.2111
接近中心度_all	0.1803	0.1653	0.1950	0.2205	0.0000	0.3183
接近中心度_input	0.0122	0.0000	0.0022	0.0050	0.0000	0.1260
接近中心度_output	0.0117	0.0000	0.0000	0.0039	0.0000	0.2111
中介中心度	0.0001	0.0000	0.0000	0.0000	0.0000	0.0205
结构洞限制度	0.7067	0.3750	1.0000	1.0000	0.0000	1.0000
AGE	2.6849	2.4849	2.7081	2.9444	0.6931	4.1109
LEV	0.4473	0.2713	0.4415	0.6121	0.0467	1.1285
托宾 Q	2.7461	1.4543	2.0709	3.2262	0.9400	13.1417
ROA	0.0413	0.0131	0.0400	0.0723	-0.2424	0.2201
SOE	0.4842	0.0000	0.0000	1.0000	0.0000	1.0000

资料来源：Stata 14.0 运算估计结果。

5.2.3　基准回归结果

如表5－10是根据交叉持股网络计算的网络结构洞限制度与中心度特征值对公司组织韧性的回归结果。如第（1）列所示，当不区分交叉持股方向时，计算出的无向程度中心度对制造业上市公司股票价格的年化波动率具有显著负向影响，即交叉持股网络并没有对公司组织韧性产生负面影响，反而增强了其韧性，使其年化波动率减少。第（2)列点入度中心度的回归系数则显著为正，当制造业上市公司被其他上市公司持股较多时，其年化波动率会增大，即被持股公司更容易受到市场风险的影响，其应对风险的能力更弱，在面临危机时被持股公司往往更容易受到交叉持股网络的负面影响，从而强化了危机，弱化了制造业上市公司的组织韧性。

第（3）列点出度中心度的回归系数则显著为负，当制造业上市公司更多地持股其他上市公司时，其年化波动率会减小，即制造业上市公司持股更多其他上市公司时，更容易增强自身的组织韧性，可以更好地利用交叉持股网络，获得优势资源，防范和化解其所面临的危机，而不容易受到交叉持股网络的危机传染等负向效用的影响。第（4)列无向接近中心度的回归系数则显著为正，即由交叉持股网络所带来的接近优势并不能减弱上市公司的波动率，反而导致其更容易受到危机的影响，弱化了组织韧性，不能在危机中迅速恢复。第（5)列点入度接近中心度的回归系数仍显著为正，即被持股公司在交叉持股网络中可能会更加被动，从而具有更弱的组织韧性。第（6)列点出度接近中心度的回归系数仍显著为负，即持股公司在交叉持股网络中的主观能动性更强，占据了更有优势的位置，可以通过交叉持股网络弱化危机对自身的影响。第（7）列中介中心度的回归系数显著为负，即能够联通其他上市公司的制造业上市公司更容易通过交叉持股网络增强自身组织韧性，弱化自身面临的潜在危机以及交叉持股网络所带来的风险。第（8）列结构洞限制度的回归系数为负，但不显著。

表 5 – 10　　交叉持股网络与组织韧性

	(1)	(2)	(3)	(4)	(5)	(6)	(7)	(8)
程度中心度_all	–4. 0094 *** (–2. 8796)							
程度中心度_input		57. 0431 *** (4. 7449)						
程度中心度_output			–9. 6102 ** (–2. 2970)					
接近中心度_all				0. 4872 *** (5. 5391)				
接近中心度_input					1. 3477 ** (1. 9872)			
接近中心度_output						–3. 1869 *** (–6. 4699)		
中介中心度							–14. 7825 *** (–3. 7518)	
结构洞限制度								–0. 0052 (–0. 1747)

续表

	(1)	(2)	(3)	(4)	(5)	(6)	(7)	(8)
常数项	1.0145 *** (10.8198)	0.9523 *** (10.4337)	1.0202 *** (10.8621)	0.9186 *** (10.3117)	0.9806 *** (10.3308)	1.0712 *** (10.6388)	1.0045 *** (10.8149)	1.0083 *** (10.9165)
行业	控制	控制	控制	控制	控制	控制	控制	控制
年份	控制	控制	控制	控制	控制	控制	控制	控制
N	4890	4890	4890	4890	4890	4890	4890	4890
R^2	0.0884	0.0980	0.0908	0.0898	0.0893	0.0960	0.0881	0.0878

注：括号内为 t 值，***、** 与 * 分别表示 1%、5% 与 10% 的显著性水平。

如表 5 - 11 是添加控制变量后交叉持股网络结构特征与制造业上市公司组织韧性的回归结果，控制变量方面，上市公司的上市年限越久其抵御风险的能力越强，即市场表现越稳定，这也与现实生活中观察到的现象相一致，新上市的公司往往出现不稳定、市场波动性大的情况。另外，托宾 Q 值大的上市公司具有更大的年化波动率，国有企业的年化波动率要小于非国有企业。解释变量方面，与未添加控制变量的回归结果稍有不同，在添加控制变量后，无向程度中心度和点出度程度中心度的回归系数不显著了，而结构洞限制度的结果变得显著为负。与未添加控制变量的回归结果相同的是，点入度中心度的回归系数则显著为正，即被持股上市公司在交叉持股网络中越是处于中心位置，越容易暴露于风险之中，其年化波动率更大。添加控制变量后，点出度接近中心度的回归系数仍然显著为负，即持股公司在交叉持股网络中占据了更有优势的位置，可以通过交叉持股网络缓解危机，增强组织韧性。

通过对比分析表 5 - 10 和表 5 - 11 可以发现，交叉持股网络结构特征对制造业上市公司的影响是不稳定的，但如果仅观察点入度网络，即考察被持股企业的影响，可以发现，当被持股上市公司在交叉持股网络中处于相对中心的位置时，其受到了更多的负面影响，即上市公司自身出现问题时，其他持有该上市公司股票的公司可能会抛售其持有的股票以求自保，从而进一步恶化上市公司本身的财务状况，导致股票价格的连锁反应，因此被持股上市公司越是处于中心位置，越容易暴露于风险之中，其年化波动率更大，公司组织韧性越差，验证了假说一 b。

表5-11　交叉持股网络与组织韧性（添加控制变量）

	(1)	(2)	(3)	(4)	(5)	(6)	(7)	(8)
程度中心度_all	0.6233 (0.6239)							
程度中心度_input		39.6035*** (3.4468)						
程度中心度_output			-3.1459 (-1.5904)					
接近中心度_all				0.5752*** (6.2609)				
接近中心度_input					0.7775 (1.1406)			
接近中心度_output						-1.6561*** (-4.4935)		
中介中心度							1.8048 (0.4347)	
结构洞限制度								-0.0757*** (-2.6586)

续表

	(1)	(2)	(3)	(4)	(5)	(6)	(7)	(8)
AGE	-0.2278*** (-4.3939)	-0.2060*** (-3.9001)	-0.2226*** (-4.2756)	-0.2284*** (-4.4138)	-0.2236*** (-4.2341)	-0.2085*** (-4.1299)	-0.2275*** (-4.3944)	-0.2366*** (-4.5442)
LEV	-0.0739 (-1.0836)	-0.0741 (-1.0740)	-0.0730 (-1.0714)	-0.0769 (-1.1219)	-0.0728 (-1.0662)	-0.0683 (-0.9964)	-0.0740 (-1.0842)	-0.0728 (-1.0616)
托宾 Q	0.0722*** (3.9462)	0.0702*** (3.8158)	0.0715*** (3.9002)	0.0727*** (3.9693)	0.0719*** (3.9241)	0.0708*** (3.9015)	0.0721*** (3.9467)	0.0729*** (3.9862)
ROA	0.0950 (0.4385)	0.0658 (0.2990)	0.1136 (0.5245)	0.0499 (0.2316)	0.0867 (0.4050)	0.1201 (0.5518)	0.0977 (0.4496)	0.0605 (0.2825)
SOE	-0.0854*** (-4.2455)	-0.0838*** (-4.1676)	-0.0822*** (-4.1254)	-0.0878*** (-4.3610)	-0.0851*** (-4.2650)	-0.0795*** (-4.0661)	-0.0850*** (-4.2617)	-0.0902*** (-4.4198)
常数项	1.3673*** (8.6618)	1.2875*** (8.1066)	1.3611*** (8.6125)	1.2717*** (8.2246)	1.3465*** (8.2190)	1.3549*** (8.6525)	1.3681*** (8.6506)	1.4511*** (8.8236)
行业	控制	控制	控制	控制	控制	控制	控制	控制
年份	控制	控制	控制	控制	控制	控制	控制	控制
N	4773	4773	4773	4773	4773	4773	4773	4773
R^2	0.1453	0.1500	0.1456	0.1480	0.1458	0.1474	0.1453	0.1465

注：括号内为 t 值，***、** 与 * 分别表示 1%、5% 与 10% 的显著性水平。

5.2.4　金融化水平的调节作用

表 5－12 是制造业上市公司金融化对交叉持股网络结构特征与公司组织韧性关系的调节作用的回归结果，上市公司金融化与其点入度程度中心度交叉项的回归系数显著为负，与其点出度程度中心度交叉项的回归系数显著为正，即上市公司金融化水平弱化了交叉持股网络特征对公司组织韧性的影响。

当被持股上市公司由于处于交叉持股网络中心位置，而更多地暴露于风险之中时，其金融化行为弱化了这种风险，使其能够更好地应对危机。点入度接近中心度与金融化行为的交叉项显著为负，点出度接近中心度与金融化行为的交叉项显著为正，同样说明上市公司金融化弱化了交叉持股网络特征对公司组织韧性的影响。

5.2.5　替换变量稳健性检验

表 5－13 稳健性检验的结果，通过将被解释变量替换为以不考虑现金红利再投资的年个股回报率计算的年化波动率后，可以发现，上市公司交叉持股网络对公司组织韧性具有异质性的影响，尽管整体而言，在交叉持股网络中占据中心位置可以显著减弱企业的年化波动率，增强企业的组织韧性，但因为交叉持股网络是有向网络，所以持股公司和被持股公司所受到的影响具有异质性。点入度网络对年化波动率的影响显著为正，即被持股公司在交叉持股网络中占据中心位置会导致其组织韧性减弱。而点出度网络对年化波动率的影响显著为负，即因为持有其他上市公司的股票，而占据交叉持股网络中心位置是显著增强了企业的组织韧性。

表 5-12 公司金融化的调节作用

	(1)	(2)	(3)	(4)	(5)	(6)	(7)	(8)
程度中心度_all	0.8910 (0.6320)							
金融化	-0.4007*** (-3.5383)	-0.1025 (-0.9793)	-0.4643*** (-4.0724)	-0.0555 (-0.2150)	-0.2724*** (-2.7881)	-0.4066*** (-3.3292)	-0.3794*** (-3.9049)	-0.4674** (-2.5704)
程度中心度_all × 金融化	8.7025 (0.7341)							
程度中心度_input		44.1065*** (3.3662)						
程度中心度_input × 金融化		-2.9e+02** (-2.0384)						
程度中心度_output			-4.1145** (-2.1626)					
程度中心度_output × 金融化			39.2775*** (3.0975)					
接近中心度_all				0.6399*** (6.2219)				

续表

	(1)	(2)	(3)	(4)	(5)	(6)	(7)	(8)
接近中心度_all×金融化				-1.6889 (-1.3471)				
接近中心度_input					0.9373 (1.2372)			
接近中心度_input×金融化					-17.8373** (-2.1238)			
接近中心度_output						-1.7391*** (-4.3958)		
接近中心度_output×金融化						5.8653** (2.4245)		
中介中心度							-2.4206 (-0.5216)	
中介中心度×金融化							246.3478*** (2.6850)	
结构洞限制度								-0.0903*** (-2.6874)

续表

	(1)	(2)	(3)	(4)	(5)	(6)	(7)	(8)
结构洞限制度×金融化								0.0783 (0.3256)
AGE	-0.2174*** (-4.1681)	-0.1967*** (-3.7031)	-0.2125*** (-4.0622)	-0.2174*** (-4.1694)	-0.2114*** (-3.9890)	-0.2003*** (-3.9107)	-0.2167*** (-4.1556)	-0.2256*** (-4.3108)
LEV	-0.0893 (-1.2899)	-0.0822 (-1.1729)	-0.0856 (-1.2378)	-0.0954 (-1.3708)	-0.0843 (-1.2113)	-0.0768 (-1.0987)	-0.0900 (-1.2988)	-0.0908 (-1.3052)
托宾 Q	0.0715*** (3.9069)	0.0697*** (3.7891)	0.0708*** (3.8635)	0.0719*** (3.9246)	0.0712*** (3.8877)	0.0702*** (3.8629)	0.0713*** (3.9001)	0.0721*** (3.9446)
ROA	0.0729 (0.3352)	0.0444 (0.2011)	0.0948 (0.4359)	0.0206 (0.0953)	0.0689 (0.3208)	0.1077 (0.4921)	0.0780 (0.3577)	0.0311 (0.1448)
SOE	-0.0838*** (-4.1729)	-0.0813*** (-4.0428)	-0.0813*** (-4.0794)	-0.0842*** (-4.1980)	-0.0831*** (-4.1817)	-0.0788*** (-4.0218)	-0.0831*** (-4.1774)	-0.0883*** (-4.3397)
常数项	1.3773*** (8.6759)	1.2800*** (8.0631)	1.3734*** (8.6349)	1.2702*** (8.2459)	1.3467*** (8.1775)	1.3618*** (8.6651)	1.3778*** (8.6741)	1.4751*** (8.8771)
行业	控制	控制	控制	控制	控制	控制	控制	控制
年份	控制	控制	控制	控制	控制	控制	控制	控制
N	4773	4773	4773	4773	4773	4773	4773	4773
R^2	0.1463	0.1510	0.1467	0.1492	0.1470	0.1481	0.1463	0.1478

注：括号内为 t 值，***、** 与 * 分别表示 1%、5% 与 10% 的显著性水平。

表 5－13　稳健性检验（替换被解释变量）

	(1)	(2)	(3)	(4)	(5)	(6)	(7)	(8)
程度中心度_all	−4.0186*** (−2.8784)							
程度中心度_input		57.0164*** (4.7432)						
程度中心度_output			−9.6171** (−2.2965)					
接近中心度_all				0.4868*** (5.5328)				
接近中心度_input					1.3493** (1.9894)			
接近中心度_output						−3.1891*** (−6.4735)		
中介中心度							−14.8625*** (−3.7684)	
结构洞限制度								−0.0049 (−0.1661)

续表

	(1)	(2)	(3)	(4)	(5)	(6)	(7)	(8)
常数项	1.0151 *** (10.8251)	0.9528 *** (10.4391)	1.0208 *** (10.8674)	0.9192 *** (10.3176)	0.9811 *** (10.3355)	1.0718 *** (10.6442)	1.0050 *** (10.8201)	1.0086 *** (10.9198)
控制变量	控制	控制	控制	控制	控制	控制	控制	控制
行业	控制	控制	控制	控制	控制	控制	控制	控制
年份	控制	控制	控制	控制	控制	控制	控制	控制
N	4890	4890	4890	4890	4890	4890	4890	4890
R^2	0.0885	0.0981	0.0910	0.0899	0.0894	0.0962	0.0882	0.0880

注：括号内为 t 值，*** 、** 与 * 分别表示 1% 、5% 与 10% 的显著性水平。

5.3　担保网络与组织韧性

5.3.1　理论分析与研究假说

担保网络作为企业增信的一种常见方式，有利于企业获得外部融资，但担保网络往往并不只是解决信息不对称、缓解融资约束（Arnott & Stiglitz，1991），还经常会带来一系列的负面影响，从2000年至今，上市公司的健康发展一直受到担保圈问题的困扰（马亚军和冯根福，2005）。根据贝斯利和科特（Besley & Coate，1995）的研究，担保网络违约，会给企业的自身发展带来负面影响，这种影响存在感很强，不仅不会因为部分企业能够履行贷款合约而完全的消除，而且也会面临严重的资金问题。饶育蕾等（2008）的研究也认为上市公司对其子公司的担保显著地降低了公司的价值。万良勇和魏明海（2009）运用案例分析的方法，对“河北担保圈”的案例进行了分析，重点着眼于它的形成动因以及经济后果，研究指出担保圈的存在源于制度因素以及利益输送问题。

吴宝等（2011）研究认为担保网络中的传染效应加重了公司所受到的负面影响，这个影响主要表现在网络中的一家企业的危机会传染给同一网络内的其他企业。曹廷求和刘海明（2016）认为担保网络从两个方面负向影响了企业的绩效，一个是导致企业过度投资，另一个是诱发控股股东机会主义行为，这使信用担保的信息功能被抑制。

加入担保网络后，企业会面临更多的不确定性，被担保的企业会出现更多短视行为，而提供担保的企业则更可能会因为或有负债被牵连，因此，加入担保网络后，企业自身抵御风险的能力会变弱，企业会更容易陷入金融风险之中，也更难从风险中恢复。也就是说，当企业加入担保网络后，企业自身抵御风险、恢复发展的能力会变差，企业的组织韧性将会减弱。

因此，本书提出假说：担保网络减弱了企业的组织韧性。

5.3.2 数据样本和模型设定

为了分析的一致性，本章分析仍然选用我国 A 股制造业上市公司 2009～2017 年的数据，对研究假说进行分析与检验。本章数据来自于国泰安数据库和 Wind 数据库，对所有连续变量进行了 Winsorize 缩尾处理（上下1%分位数）。为了验证假说，设定模型（5.3.1）如下：

$$Resilience_{i,t} = \beta_0 + \beta_1 Net\_gua_{i,t-1} + \sum \beta_k Control_{i,t} + \sum Year + \sum Ind + \varepsilon_{i,t} \quad (5.3.1)$$

其中，Resilience 表示制造业上市公司的组织韧性，用年化波动率计算，Net_gua 表示企业加入担保网络的情况，企业加入担保网络时，其值取 1，否则取 0，Control 是控制变量的集合，ε 是残差项，此外回归中还控制了年份和行业变量。

被解释变量是上市公司的组织韧性，仍采用在纳塔利娅和班萨尔（2016）和吕等（2019）的方法采用上市公司的年化波动率来衡量公司的组织韧性，在主回归中使用不考虑现金红利再投资的年个股回报率进行计算，在稳健性检验中使用考虑现金红利再投资的年个股回报率进行进一步验证。

根据担保网络关系图，构造是否加入担保网络的虚拟变量“担保网络”，如果担保网络等于 1 表示制造业上市公司有加入担保网络，如果担保网络等于 0 表示制造业上市公司没有加入担保网络。

选取企业年龄（AGE）、托宾 Q（Q）、总资产回报率（ROA）、资产负债率（LEV）、资产规模（SIZE）以及企业性质（SOE）作为控制变量。

如表 5－14 描述性统计所示，样本公司的组织韧性差异较大，存在年化波动率较为剧烈的上市公司，而在样本公司中，加入担保网络的公司约占 1.19%，占比较小。公司年龄、托宾 Q、总资产回报率、资产负债比例、公司规模等指标与前面样本差异不大，样本中，约有

32.35%的制造业上市公司是国有企业。

表 5-14　　描述性统计

变量	mean	p25	p50	p75	min	max
组织韧性	0.5303	0.3725	0.4521	0.5708	0.0085	33.1244
担保网络	0.0119	0.0000	0.0000	0.0000	0.0000	1.0000
AGE	2.7192	2.4849	2.7726	2.9444	0.6931	4.1271
托宾 Q	3.0076	1.6402	2.3495	3.6243	0.9400	13.1417
ROA	0.0411	0.0137	0.0398	0.0711	-0.2424	0.2201
LEV	0.4077	0.2327	0.3896	0.5620	0.0467	1.1285
SIZE	21.7423	20.9060	21.6165	22.3964	19.1204	25.1952
SOE	0.3235	0.0000	0.0000	1.0000	0.0000	1.0000

资料来源：样本数据统计分析所得。

5.3.3　回归结果与分析

表 5-15 是担保网络与企业组织韧性的回归结果，由第二行可以看出，无论是否添加控制变量担保网络对企业组织韧性的影响并不显著，而由第四行可以看出，尽管其回归系数为正担保网络滞后一期对企业组织韧性的影响也不显著，即加入担保网络后，制造业上市公司的年化波动率增加，但这一影响在统计意义上并不显著。

表 5-15　　担保网络与企业组织韧性

	(1)	(2)	(3)	(4)
担保网络	-0.0359 (-1.5946)	0.0058 (0.2702)		
L. 担保网络			0.0209 (0.9253)	0.0178 (0.8260)
AGE		-0.0903*** (-4.8378)		-0.0361** (-2.3493)

续表

	(1)	(2)	(3)	(4)
托宾 Q		0.0205 *** (8.4499)		0.0123 *** (6.7232)
ROA		0.2915 *** (4.7281)		0.0929 (1.6055)
LEV		0.0089 (0.2282)		0.1065 *** (2.6103)
SIZE		-0.0424 *** (-8.7587)		-0.0243 *** (-5.4748)
SOE		-0.0300 *** (-2.9416)		-0.0156 * (-1.8099)
常数项	0.6966 *** (9.2967)	1.7700 *** (15.1969)	0.4490 *** (54.6589)	0.9787 *** (13.0982)
行业	控制	控制	控制	控制
年份	控制	控制	控制	控制
N	13248	12845	11303	10919
R^2	0.0694	0.0987	0.1119	0.1192

注：括号内为 t 值，*** 、** 与 * 分别表示 1%、5% 与 10% 的显著性水平。

为了进一步验证上述结果的稳健性，本章还选取考虑现金红利再投资的年个股回报率对企业的年化波动率进行计算，回归结果如表 5-16 所示，无论是担保网络还是担保网络的滞后一期，其对制造业上市公司组织韧性的影响均不显著。

表 5-16　　担保网络与企业组织韧性（替换被解释变量）

	(1)	(2)	(3)	(4)
担保网络	-0.0363 (-1.6133)	0.0053 (0.2475)		

续表

	(1)	(2)	(3)	(4)
L. 担保网络			0.0205 (0.9082)	0.0173 (0.8036)
AGE		-0.0904*** (-4.8424)		-0.0362** (-2.3542)
托宾Q		0.0206*** (8.4577)		0.0123*** (6.7345)
ROA		0.2893*** (4.6896)		0.0904 (1.5625)
LEV		0.0093 (0.2385)		0.1069*** (2.6214)
SIZE		-0.0425*** (-8.7838)		-0.0244*** (-5.5044)
SOE		-0.0299*** (-2.9340)		-0.0155* (-1.8001)
常数项	0.6964*** (9.2944)	1.7726*** (15.2172)	0.4489*** (54.5561)	0.9815*** (13.1325)
行业	控制	控制	控制	控制
年份	控制	控制	控制	控制
N	13248	12845	11303	10919
R^2	0.0695	0.0988	0.1120	0.1194

注：括号内为t值，***、**与*分别表示1%、5%与10%的显著性水平。

出现这一情况的原因，可能是因为担保网络本身是公司获得外部支持的一个结果，公司处在担保网络中成为被担保公司时，其自身的困境已经得到了有效的缓解，而提供担保的上市公司尽管可能存在风险，但提供担保的前提是该担保关系对其自身经营稳定性的影响不大，从而不会对组织韧性产生负面影响。

5.4 本章小结

企业组织韧性是整体经济韧性的重要组成部分，具有经济韧性的组织可以减低金融与经济风险。经济韧性是衡量一个经济体在受到冲击后保持原有状态或者恢复到原有发展路径能力的概念，细化到组织韧性的角度，当组织所处的网络出现变故、组织受到致命伤害时，组织一方面要抵抗这种伤害，另一方面要保持竞争的地位，这是十分困难的。因此，当组织的内部或者外部受到冲击时，组织本身相应地会有一定的抵御和应对危机的能力以及恢复的能力，本书把它定义为组织韧性。一个具有韧性的企业在面对风险时能够迅速调整其组织战略，减弱乃至抵消冲击，从而获得相对稳定的收益，因此一个企业组织韧性的大小可以用来衡量该企业发展质量的好坏。

本章考察了制造业上市公司网络嵌入对其组织韧性的影响，主要从连锁董事网络、交义持股网络和担保网络三个方面进行考察。具体而言，连锁董事网络优势位置增加了上市公司的组织韧性，当制造业上市公司所处连锁董事网络的结构洞限制度较高时，公司的年化波动率会更高，当上市公司通过连锁董事网络与其他上市公司产生更多的直接关联时，即上市公司的中心度较高时，公司的年化波动率会显著下降，连锁董事作为一种社会资源能够提高制造业上市公司的组织韧性。因此，制造业上市公司可以通过合理构建其连锁董事关联，增强其自身抵御风险以及走出危机的能力。

外部连锁董事网络对上市公司韧性具有更强的促进作用，在聘请外部董事时，更应该考虑其社会资源的获取能力。在连锁董事网络中占据中心位置的企业能够更好地进行资源协调，占据优势位置的企业面临更低的融资约束，而更低的融资约束意味着企业在资金配置方面更具能动性，能够更有效地配置资产，从而更具韧性。因此，连锁董事网络的优势位置缓解了公司的融资约束，进一步增加了公司的组织韧性，面临融资约束的公司可以考虑优化配置其连锁董事网络，增强

自身抗风险能力。

在交叉持股网络中，被持股上市公司占据中心位置反而有更差的组织韧性，当被持股上市公司在交叉持股网络中处于相对中心的位置时，其受到了更多的负面影响，即上市公司自身出现问题时，其他持有该上市公司股票的公司可能会抛售其持有的股票以求自保，从而进一步恶化上市公司本身的财务状况，导致股票价格的连锁反应，因此被持股上市公司越是处于中心位置，越容易暴露于风险之中，公司组织韧性越差。上市公司的股票被其他上市公司持有时，公司应该提高警惕，尽量避免由于自身出现问题而引起的股票联动效应。金融化水平对交叉持股网络与组织韧性之间的关系具有反向调节效应。

担保网络对企业组织韧性的影响不显著，出现这一情况的原因，可能是因为担保网络本身是公司获得外部支持的一个结果，公司处在担保网络中成为被担保公司时，其自身的困境已经得到了有效的缓解，而提供担保的上市公司尽管可能存在或有风险，但提供担保的前提是，该担保关系对其自身经营稳定性的影响不大，从而担保网络不会对组织韧性产生负面影响。

第 6 章　企业网络嵌入与社会责任

6.1　连锁董事、政治背景与企业社会责任

6.1.1　理论分析与研究假说

企业社会责任是企业在获得直接利益和履行法定义务之外，所做的对社会有益的行为（McWilliams & Siegel，2000）。积极履行社会责任已经成为企业谋求可持续发展的必然选择（张丹宁和唐晓华，2012）。关于企业为什么会承担社会责任的研究有很多，其中合法性理论认为，企业可以通过承担社会责任，使其经济行为活动合法化，从而达到社会目标与企业自身目标的一致性（Brennan et al.，2013），因此企业需要承担社会责任。资源依赖理论认为，企业为了能够获得优势资源，需要不断地承担社会责任，以期增强自身的竞争优势（McWilliams & Siegel，2010）。

制度理论则认为，是因为公司需要遵守特定商业制度，在其所存在的商业大环境中就不得不承担一定的社会责任（Campbell，2007）。利益相关理论从多样化需求角度论证了企业承担社会责任的原因，该理论认为，由于企业存在诸多利益相关者，为了满足政府、社区等利益相关者的需求，企业会承担相应的社会责任（Gilbert & Rasche，2008）。激励理论认为，高管的晋升锦标赛可以作为一种激励机制，从而会促使存在激励机制的企业承担更多的社会责任（章琳一，

2019)。但鲜有文献讨论企业的网络嵌入对其社会责任承担的影响，因此分析连锁董事网络对企业社会责任承担的影响，可以进一步丰富企业网络嵌入与其高质量发展之间的关系问题的研究。

连锁董事网络会如何影响企业的社会责任承担呢？一方面，企业通过连锁董事网络可以更好地获得其他上市公司社会网络承担的具体信息，以调整自身所承担的社会责任，也更容易察觉到其他上市公司在承担社会责任后所获得有利于公司长远发展的好处，因此，相比于少承担社会责任，处在连锁董事网络中心位置的上市公司更愿意从公司发展角度考虑，辨证地、主动地去承担更多的社会责任。另一方面，在连锁董事网络中占据中心位置的企业可以获得更多的社会资源，因此，有动机通过承担社会责任强化其资源竞争优势，通过承担社会责任强化其声誉优势、中心位置优势。因此，在连锁董事网络中占据中心位置的企业往往更愿意承担社会责任，从而有更高的社会责任评级。

由于企业的连锁董事网络除了整体网络外，还可以分为内部连锁董事网络和外部连锁董事网络，那么是仅由独立董事组成的外部董事网络对企业社会责任承担的影响大，还是由企业执行董事组成的内部董事网络对企业社会责任承担的影响大？不同于其他高质量发展的度量指标，上市公司承担社会责任是一种具有外部性的经济行为，不仅上市公司自身会因为承担更多的社会责任而增强自身的社会好感度，上市公司治理层也会因此收获良好的声誉，因此相对于外部董事而言，公司的执行董事对上市公司的社会责任承担行为具有更高的关注度，处于内部连锁董事网络中心位置的上市公司更容易承担更多的企业社会责任，也就是说，内部连锁董事网络对上市公司社会责任评级的影响更大。

上市公司社会责任的承担在一定程度上受到政治因素的影响，与公司政治背景有较为深刻的联系。因此，治理层政治背景可能会对连锁董事网络与上市公司社会责任评级之间的关系产生了一定的影响。董事长是公司的重要治理层之一，对部分事物有决策权和参与权，董事长政治背景可能会成为企业的信用背书。因此，当董事长具有政治背景的时候，连锁董事网络对企业社会责任承担的正向作用将减弱。

因此，可以提出以下假说：

假说一：在连锁董事网络中占据中心位置的企业具有更高的社会责任评级。

假说二：连锁董事网络效应在内部董事网络与外部董事网络之间存在异质性，内部董事网络存在更深影响。

假说三：董事长政治背景对连锁董事网络与企业社会责任之间的关系存在调节作用。

6.1.2 数据样本和模型设定

本章选用我国 A 股制造业上市公司 2009～2017 年的数据，对研究假说进行了分析与检验。本章数据来自国泰安数据库和 Wind 数据库，对所有连续变量进行了 Winsorize 缩尾处理（上下 1% 分位数）。

为了验证前文假说，将模型设定如下：

$$CSR_{i,t} = \beta_0 + \beta_1 Network_{i,t-1} + \sum \beta_k Control_{i,t} + \sum Year + \sum Ind + \varepsilon_{i,t} \quad (6.1.1)$$

其中，CSR 表示制造业上市公社会责任评级指数，Network 表示根据连锁董事网络（包括内部董事网络和外部董事网络）计算的中心度和结构洞等变量，Control 是控制变量的集合，ε 是残差项，此外回归中还控制了年份和行业变量。

为了验证假说三，将模型设定如下：

$$CSR_{i,t} = \beta_0 + \beta_1 Network_{i,t-1} + \beta_2 Govern_{i,t} + \beta_3 Network_{i,t-1} \times Govern_{i,t} + \sum \beta_k Control_{i,t} + \sum Year + \sum Ind + \varepsilon_{i,t} \quad (6.1.2)$$

其中，Govern 是表示董事长政治背景的虚拟变量，董事长政治背景资料由国泰安数据库获得，该数据库中“董监高个人特征文件”中有详细的董事长政治背景资料，如果上市公司董事长具有政治背景取 1，否则取 0。

本章的被解释变量是上市公司的社会责任数据，借鉴权小锋等

(2015) 的研究，本书社会责任数据选取润灵环球的社会责任评级指数。润灵环球 (RKS) 自主研发了国内第一个针对上市公司的社会责任报告评级系统，该系统提供了客观的社会责任评级信息，润灵环球 (RKS) 于每年年底会召开上市公司的社会责任报告高峰论坛，该论坛具有较高的权威性。因此，润灵环球所提供的社会责任评级是独立的第三方机构作出的评级，不易被操纵，数据更具独立性和客观性。

本章的解释变量是根据企业连锁董事网络计算的企业结构洞特征 (结构洞限制度) 以及网络中心度，包括程度中心度、加权程度中心度、中介中心度和接近中心度，以及根据内部董事网络和外部董事网络分别计算的网络特征值，为了加以区分，本书中根据整体连锁董事网络计算的网络特征值加上后缀“全”，根据内部连锁董事网络计算的网络特征值加上后缀“内”，根据外部连锁董事网络计算的网络特征值加上后缀“外”。

本章的控制变量除了选取企业年龄 (AGE)、“托宾 Q”系数 (托宾 Q)、企业盈利能力 (ROA)、企业性质 (SOE)、资产负债率 (LEV) 和企业资产规模 (SIZE) 外，还增加企业营业收入规模 (LNY_ADD) 作为控制变量，因为企业营业收入规模越大，社会公众对企业社会责任承担的期望越高。

如表6-1描述性统计所示，我国A股制造业上市公司的社会责任评级指数的中位数是35.9，而平均数是38.1，整体数据呈现左偏分布，上市公司中社会责任评级指数较高的分布比较密集。社会责任评级指数中最小值是13.3，最大值是89.0，不同上市公司之间的社会责任承担具有较大的差异性。A股制造业上市公司企业年龄、“托宾 Q”系数、企业盈利能力、企业性质、资产负债率等数据与前文相差不大，不再赘述。本章节新增的控制变量企业营业收入规模是通过对制造业上市公司的营业收入总额取自然对数得到的，描述性统计显示，25%分位数和75%分位数的差距不大，但与最小值和最大值之间的差距较大。值得说明的是，由于润灵环球的社会责任评级指数仅披露了一部分上市公司的社会责任评价指数，因此本章的样本数据比前面章节少，约为2500个样本，但仍然适用回归分析，可以得出有效的回归结果。

表6-1　　　　描述性统计

变量	mean	p25	p50	p75	min	max
社会责任	38.0854	30.5200	35.9000	43.5400	13.3300	89.0000
结构洞限制度_全	0.3898	0.2204	0.3126	0.4983	0.0813	1.1250
程度中心度_全	0.0023	0.0013	0.0021	0.0031	0.0003	0.0120
加权程度中心度_全	0.0025	0.0013	0.0022	0.0033	0.0003	0.0127
接近中心度_全	0.1733	0.1599	0.1774	0.1924	0.0006	0.2365
中介中心度_全	0.0024	0.0003	0.0013	0.0033	0.0000	0.0253
LNY_ADD	22.2386	21.1431	22.1046	23.2103	17.7350	27.4778
AGE	2.7662	2.5649	2.7726	2.9444	0.6931	3.6109
LEV	0.4611	0.3157	0.4715	0.6140	0.0467	1.1285
SIZE	22.6823	21.7450	22.5702	23.5719	19.1204	25.1952
托宾Q	2.3772	1.3828	1.9081	2.7906	0.9400	13.1417
ROA	0.0458	0.0135	0.0390	0.0757	-0.2424	0.2201
SOE	0.5523	0.0000	1.0000	1.0000	0.0000	1.0000

资料来源：样本数据统计分析所得。

6.1.3 基准回归结果

表6-2是以根据连锁董事网络计算的中心度与结构洞数据作为解释变量，以上市公司社会责任评级指数作为被解释变量的回归分析结果，为了减少可能的内生性问题，本章对解释变量进行滞后一期处理，第（1）列显示，当制造业上市公司在连锁董事网络中的结构洞限制度较高，即不能占据结构洞位置时，会减弱公司自身承担社会责任的激励效应，更不愿意成为一个积极承担社会责任的公司。第（2）列显示，当制造业上市公司在连锁董事网络中的程度中心度越高，其社会责任评级指数越高，即程度中心度的回归系数显著为

正，这说明，当企业可以通过连锁董事网络与其他上市公司有直接连接关系时，该公司更愿意承担社会责任，会有更高的社会责任评级指数。在连锁董事网络中占据中心位置的上市公司可以获得更多的社会资源，因此也就有动机通过承担社会责任强化其资源竞争优势。

表6－2　　　　连锁董事与企业社会责任

	(1)	(2)	(3)	(4)	(5)
L. 结构洞限制度_全	−5.7871*** (−4.0749)				
L. 程度中心度_全		1.1e+03*** (3.7133)			
L. 加权程度中心度_全			971.5914*** (3.6308)		
L. 中介中心度_全				430.5059*** (3.5238)	
L. 接近中心度_全					59.9082*** (4.5747)
常数项	33.6973*** (16.4007)	27.7204*** (14.3837)	27.8134*** (14.5079)	29.0367*** (17.7067)	22.6155*** (9.2042)
行业	控制	控制	控制	控制	控制
年份	控制	控制	控制	控制	控制
N	2419	2419	2419	2419	2419
R^2	0.1513	0.1555	0.1555	0.1522	0.1596

注：括号内为t值，***、**与*分别表示1%、5%与10%的显著性水平。

第（3）列是考虑上市公司连锁董事数量权重后的回归结果，可以看出，加权程度中心度的回归系数也悉数为正，即上市公司之间通过几个连锁董事连接并不影响其对社会责任承担的结果。第（4）列是根据连锁董事网络计算的中介中心度回归结果，其系数也正向显著，在连锁董事网络中，处于“中间人”角色的上市公司也会有良好的社会责任评级指数，可见“中间人”角色不仅是上市公司的一个中介身份，也会对其自身形成一种良性的监督，促使其积极履行社会责任。第（5）列的回归结果显示，接近中心度高的上市公司具有高的社会责任评级指数，即上市公司能够通过连锁董事网络更好地连接到其他上市公司，也就能够获得其他上市公司社会网络承担的具体信息，以调整自身所承担的社会责任，也更容易察觉到其他上市公司在承担社会责任后所获得的有利于公司长远发展的好处，从而更多地承担社会责任。

表6－3是添加控制变量后的回归结果，控制变量方面，制造业上市公司的资产负债率越高，其社会责任评级指数越低，公司的营业收入规模越大，其社会责任评级指数越大，这也就说明，当上市公司的负债较多时，其更愿意专注于自身短期盈利能力的提升，不想过多地承担社会责任，而当上市公司的营业收入规模较大的时候，社会公众会形成一个预期，即这类公司有必要对社会作出更多的贡献、承担更多的责任，因此公司为了不破坏其公众形象，会更多地承担社会责任，从而使营业收入规模的回归系数显著为正。主要解释变量，即根据连锁董事网络计算的网络特征值，对制造业上市公司的影响仍然显著，当上市公司处于连锁董事网络的优势位置，即可能直接或者间接地连接到更多其他上市公司时，其社会责任评级指数会更高，公司承担了更多的社会责任，这也验证了假说一，在连锁董事网络中占据中心位置的企业具有更高的社会责任评级，这类公司或者是能够更好地获得其他上市公司社会网络承担的具体信息，以调整自身所承担的社会责任，或者是能够通过承担社会责任强化其资源竞争优势和声誉优势，会更多地承担社会责任，从而有更高的社会责任评级指数。

表 6-3　　　连锁董事与企业社会责任（添加控制变量）

	(1)	(2)	(3)	(4)	(5)
L. 结构洞限制度_全	-2.5782** (-2.0856)				
L. 程度中心度_全		455.3829* (1.8687)			
L. 加权程度中心度_全			415.3866* (1.8496)		
L. 中介中心度_全				171.6099* (1.7291)	
L. 接近中心度_全					30.2565** (2.5591)
AGE	-0.6019 (-0.3373)	-0.7020 (-0.3940)	-0.6971 (-0.3922)	-0.6612 (-0.3708)	-0.6479 (-0.3622)
LEV	-6.3225** (-2.3289)	-6.2532** (-2.2987)	-6.1624** (-2.2646)	-6.1486** (-2.2636)	-6.3934** (-2.3733)
SIZE	0.7449 (0.6799)	0.7820 (0.7151)	0.8159 (0.7434)	0.7318 (0.6666)	0.7799 (0.7189)
托宾 Q	0.0614 (0.2214)	0.0540 (0.1942)	0.0625 (0.2248)	0.0361 (0.1303)	0.0569 (0.2056)
ROA	-9.4957 (-1.3270)	-9.8420 (-1.3791)	-9.7857 (-1.3728)	-9.5726 (-1.3407)	-10.1307 (-1.4173)
SOE	-0.8438 (-0.7657)	-0.8610 (-0.7804)	-0.8918 (-0.8081)	-0.8227 (-0.7492)	-0.9020 (-0.8190)
LNY_ADD	2.7411*** (2.9164)	2.6901*** (2.8851)	2.6631*** (2.8512)	2.7403*** (2.9214)	2.6657*** (2.8538)
常数项	-37.8879*** (-3.1190)	-39.6818*** (-3.2751)	-39.8740*** (-3.2757)	-39.2215*** (-3.2513)	-42.4152*** (-3.4402)
行业	控制	控制	控制	控制	控制
年份	控制	控制	控制	控制	控制
N	2359	2359	2359	2359	2359
R^2	0.2624	0.2629	0.2629	0.2620	0.2651

注：括号内为 t 值，***、** 与 * 分别表示 1%、5% 与 10% 的显著性水平。

6.1.4 董事性质异质性分析

表6-4和表6-5分别列出了外部连锁董事网络与内部连锁董事网络对制造业上市公司社会责任评级指数的影响，尽管都是上市公司的董事，但由于职责与利益关系的不同，内、外部董事在对公司社会责任承担方面具有不同的影响。相较于外部董事网络，内部董事网络对公司社会责任承担的影响更大一些。具体表现为，当上市公司在内部董事网络中处于中心位置时，公司的社会责任评级指数更高，不论这种中心位置是由于上市公司可以通过连锁董事与其他更多的上市公司直接连接，还是作为其他上市公司连接的桥梁，亦或是能够通过连锁董事网络间接地连接到更多的上市公司。通过比较以上两个表格，可以发现内部连锁董事网络的影响更大一些，也验证了前文中的假说，在企业作出社会责任承担的行为决策时，内部董事往往更加积极地参与其中，因为上市公司承担社会责任是一种具有外部性的经济行为，不仅上市公司自身会因为承担更多的社会责任而增强自身的社会好感度，上市公司治理层也会因此收获良好的声誉。

表6-4 外部连锁董事与企业社会责任

	(1)	(2)	(3)	(4)
L. 结构洞限制度_外	-0.6961 (-0.3676)			
L. 程度中心度_外		-1.6e+02 (-0.4565)		
L. 中介中心度_外			-22.2924 (-0.2689)	
L. 接近中心度_外				4.1556 (0.2665)

续表

	(1)	(2)	(3)	(4)
常数项	-70.0664*** (-3.8309)	-70.9014*** (-3.8492)	-71.1748*** (-3.8514)	-70.9780*** (-3.8326)
控制变量	控制	控制	控制	控制
行业	控制	控制	控制	控制
年份	控制	控制	控制	控制
N	1261	1261	1261	1261
R^2	0.3020	0.3021	0.3019	0.3019

注：括号内为 t 值，***、** 与 * 分别表示 1%、5% 与 10% 的显著性水平。

表 6-5　　内部连锁董事与企业社会责任

	(1)	(2)	(3)	(4)
L. 结构洞限制度_内	-9.3121** (-2.4514)			
L. 程度中心度_内		1.9e+03** (2.5243)		
L. 中介中心度_内			7.2e+03*** (2.7063)	
L. 接近中心度_内				1.2e+03*** (4.2047)
常数项	-86.4586*** (-2.9919)	-98.8902*** (-3.4093)	-99.4138*** (-3.4522)	-98.2588*** (-3.4194)
控制变量	控制	控制	控制	控制
行业	控制	控制	控制	控制
年份	控制	控制	控制	控制
N	596	596	596	596
R^2	0.4401	0.4451	0.4309	0.4707

注：括号内为 t 值，***、** 与 * 分别表示 1%、5% 与 10% 的显著性水平。

6.1.5 董事长政治背景的调节作用

表6-6是董事长政治背景对连锁董事网络与上市公司社会责任评级指数关系调节效应的回归结果，从连锁董事网络结构洞限制度与董事长政治背景交叉项的回归系数为正，但显著来看，说明董事长政治背景可能对上述关系有负向调节作用。连锁董事网络程度中心度与董事长政治背景交叉项的回归系数显著为正，即当董事长具有政治背景时，削弱了连锁董事网络中处于中心位置的上市公司承担社会责任的意愿，对两者关系有显著的负向调节作用。连锁董事网络中介中心度与董事长政治背景交叉项的回归系数为负，但不显著，即不能确定政治背景对中介中心度与社会责任评级指数之间关系的影响。连锁董事网络接近中心度与董事长政治背景交叉项的回归系数显著为负，董事长政治背景对接近中心度与社会责任评级指数之间的关系有显著负向调节作用。因此，整体而言，董事长政治背景对上市公司连锁董事网络与社会责任评级之间的关系是负向调节的，即弱化了董事网络与企业社会责任承担之间的关系。

表6-6　　　　董事长政治背景调节作用

	(1)	(2)	(3)	(4)
L. 结构洞限制度_全	-3.1212* (-1.9545)			
政治背景	-1.9445 (-1.3384)	0.6907 (0.5502)	-0.7248 (-0.7715)	6.4984** (2.0490)
L. 结构洞限制度_全×政治背景	1.9673 (0.8058)			
L. 程度中心度_全		655.9014** (2.2076)		

续表

	(1)	(2)	(3)	(4)
L. 程度中心度_全×政治背景		-7.4e+02* (-1.6907)		
L. 中介中心度_全			197.0692* (1.8330)	
L. 中介中心度_全×政治背景			-1.5e+02 (-0.8104)	
L. 接近中心度_全				49.7125*** (3.1534)
L. 接近中心度_全×政治背景				-44.5447** (-2.3513)
LNY_ADD	2.9327*** (3.0505)	2.8503*** (3.0163)	2.9324*** (3.0609)	2.8109*** (2.9685)
AGE	-0.6761 (-0.3748)	-0.8232 (-0.4576)	-0.7112 (-0.3941)	-0.6674 (-0.3714)
LEV	-7.4140*** (-2.6702)	-7.3597*** (-2.6490)	-7.3137*** (-2.6336)	-7.4101*** (-2.7010)
SIZE	0.8470 (0.7574)	0.9147 (0.8233)	0.8358 (0.7458)	0.8924 (0.8138)
托宾 Q	0.2126 (0.7388)	0.1972 (0.6889)	0.1841 (0.6454)	0.1827 (0.6379)
ROA	-13.5026* (-1.8535)	-13.4775* (-1.8678)	-13.3724* (-1.8408)	-13.4122* (-1.8349)
SOE	-1.1206 (-0.9507)	-1.0975 (-0.9323)	-1.1042 (-0.9378)	-1.1546 (-0.9841)
常数项	-38.7685*** (-3.0886)	-40.6030*** (-3.2308)	-39.9483*** (-3.1853)	-47.1106*** (-3.5856)
行业	控制	控制	控制	控制
年份	控制	控制	控制	控制

续表

	(1)	(2)	(3)	(4)
N	2281	2281	2281	2281
R^2	0.2725	0.2746	0.2720	0.2786

注：括号内为t值，***、**与*分别表示1%、5%与10%的显著性水平。

6.1.6 2SLS法稳健性检验

为了进一步验证结果的稳健性，本书还使用了上市公司连锁董事网络结构特征值的滞后一期作为工具变量，使用工具变量法对回归结果进一步检验。表6-7的回归结果说明，使用滞后一期作为工具变量是合理的，表6-8的回归结果表明，制造业上市公司在连锁董事网络中的结构洞限制度越高，其承担社会责任的意愿越小，而当公司的程度中心度越高时，其承担社会责任的意愿越大，同样，加权程度中心度具有类似的回归结果，而接近中心度和中介中心度的回归系数同样表明，上市公司连锁董事网络的优势位置有利于企业社会责任评级指数的提升，也即处于中心位置的公司更愿意承担社会责任。

表6-7 稳健性检验（工具变量法第一阶段）

	(1)	(2)	(3)	(4)	(5)
	结构洞限制度_全	程度中心度_全	加权程度中心度_全	中介中心度_全	接近中心度_全
L. 结构洞限制度_全	0.5777*** (25.6536)				
L. 程度中心度_全		0.6347*** (36.9635)			
L. 加权程度中心度_全			0.6415*** (38.1693)		

续表

	(1)	(2)	(3)	(4)	(5)
	结构洞限制度_全	程度中心度_全	加权程度中心度_全	中介中心度_全	接近中心度_全
L. 中介中心度_全				0.5363 *** (20.8622)	
L. 接近中心度_全					0.5540 *** (13.0363)
常数项	0.4030 *** (3.8859)	-0.0008 (-1.4764)	-0.0008 (-1.3323)	-0.0048 *** (-3.5030)	0.0316 ** (2.3163)
控制变量	控制	控制	控制	控制	控制
行业	控制	控制	控制	控制	控制
年份	控制	控制	控制	控制	控制
N	2314	2314	2314	2314	2314
R^2	0.4418	0.5366	0.5509	0.4391	0.4997

注：括号内为 t 值，***、** 与 * 分别表示 1%、5% 与 10% 的显著性水平。

表 6-8　　稳健性检验（工具变量法第二阶段）

	(1)	(2)	(3)	(4)	(5)
结构洞限制度_全	-4.5349 *** (-3.2513)				
程度中心度_全		729.6914 *** (3.2763)			
加权程度中心度_全			654.1572 *** (3.2594)		
中介中心度_全				314.9217 *** (2.6849)	
接近中心度_全					56.2336 *** (4.1755)

续表

	(1)	(2)	(3)	(4)	(5)
常数项	-38.9474*** (-6.5619)	-42.2998*** (-7.3902)	-42.5817*** (-7.4234)	-41.0618*** (-7.0937)	-46.8634*** (-8.0546)
控制变量	控制	控制	控制	控制	控制
行业	控制	控制	控制	控制	控制
年份	控制	控制	控制	控制	控制
N	2314	2314	2314	2314	2314
R^2	0.2623	0.2622	0.2620	0.2600	0.2630

注：括号内为t值，***、**与*分别表示1%、5%与10%的显著性水平。

6.2 交叉持股、行业竞争与企业社会责任

6.2.1 理论分析与研究假说

交叉持股网络是企业间的一种股权关系网络，沃纳等（2007）认为两个企业直接相互持股（A持有B的股票，且B持有A的股票）形成了交叉持股现象，然而迪岑巴赫和捷莫尔舍夫（2008）则认为多个企业间的间接交叉持股（A持有B的股票，B持有C的股票）也是值得关注的交叉持股现象。本章主要针对后者进行研究，考虑间接交叉持股的现象。

学者们进行了很多关于企业间交叉持股原因的研究，认为交叉持股最主要的原因是为了规避交易风险、抵制恶意收购、提高市场效率以及获取垄断利润（Klein et al.，1978；Williamson，1979；Sheard，1994；Nyberg，1995；Clayton & Jorgensen，2005）。交叉持股使持股企业对被持股企业的监管增强，因此交叉持股对企业的正面影响可以通过避免管理层的无效率行为（Sinha，1998）、降低公司管理层的道德风险和管理机会主义体现（Gilson & Roe，1993）。储一昀和王伟志

（2001）通过研究辽宁大成和广发证券的交叉持股案例，也发现交互持股可以增强企业间的资源优势整合，尤其是经济资源优势。

因此，处于交叉持股网络中心位置的企业可能会面临更多的监管，也更具资源优势（Gulati；1999），拉美西斯（2004）指出企业间的交叉持股可以在一定程度上抑制管理人员的道德风险问题。艾伦和菲利普斯（2000）认为交叉持股有利于企业的产品市场关系、缓解融资约束以及增强董事会成员的监管，因而可以提高企业的经营绩效。也就是说，当企业处于优势位置时，一方面，企业受到的监管约束更强，外界监督将有效促进企业自身的社会责任承担，另一方面，企业具有资源优势，也更有动机去承担社会责任。

当企业处于交叉持股网络中心位置时，企业受到更多的关注，无论是基于释放利好信号的需要，还是基于监管机构的约束，企业会更愿意承担社会责任，积极履行社会责任有助于企业获得更好的声誉，企业社会责任集中体现了企业的经营绩效、就业岗位创造、产品质量标准、客户满意度、环保投入、减排绩效、公益捐赠以及纳税总额，企业在交叉持股网络中的位置时，企业更愿意通过以上一种或者多种途径增强企业的社会责任评级，进而提升其声誉。并且，当企业在交叉持股网络中心位置时，企业也有更多的资源优势，以承担更多的社会责任。

企业承担社会责任，主要是出于两方面的原因：一方面是因为企业家自身的社会责任感，企业有承担社会责任的使命；另一方面则是由于竞争压力的存在，承担社会责任的公司更有可能获得消费者的青睐，因此，迫于竞争压力，公司会承担社会责任。即当公司面临的竞争压力不大时，交叉持股网络对企业社会责任承担的促进作用可能会减弱。如果公司所在的行业竞争较小、公司承担社会责任的激励就可能会减弱。因此，行业竞争压力对公司交叉持股网络位置与企业社会责任这一关系可能起到了调节作用，即行业竞争压力越小、行业集中度越高，交叉持股网络的优势位置对企业社会责任评级的正向作用越弱。

因此，可以提出以下假说：

假说一：在交叉持股网络中占据中心位置的企业具有更高的社会责任评级。

假说二：行业竞争变量对交叉持股网络与企业社会责任评级之间的关系起到调节作用。

6.2.2 数据样本和模型设定

本章选用我国A股制造业上市公司2009～2017年的数据，对研究假说进行分析与检验。本章数据来自国泰安数据库和Wind数据库，对所有连续变量进行了Winsorize缩尾处理（上下1%分位数）。

为了验证前面的假说，将模型设定如下：

$$CSR_{i,t} = \beta_0 + \beta_1 Net\_cross_{i,t} + \sum \beta_k Control_{i,t} + \sum Year + \sum Ind + \varepsilon_{i,t} \quad (6.2.1)$$

其中，CSR表示制造业上市公社会责任评级指数，Nt_cross表示根据有向交叉持股网络计算的中心度和结构洞等变量，Control是控制变量的集合，ε是残差项，此外回归中还控制了年份和行业变量。

为了验证假说三，将模型设定如下：

$$CSR_{i,t} = \beta_0 + \beta_1 Net\_cross_{i,t} + \beta_2 HHI_{i,t} + \beta_3 Net\_cross_{i,t} \times HHI_{i,t} + \sum \beta_k Control_{i,t} + \sum Year + \sum Ind + \varepsilon_{i,t} \quad (6.2.2)$$

其中，HHI是表示上市公司所在行业的行业竞争度，HHI越大，表示市场集中程度越高，垄断程度变越高。本章采取赫芬达尔指数方式计算行业竞争度，并采用两种不同的方法进行计算，以期保证回归结果的稳健性。

被解释变量是上市公司的社会责任数据，借鉴权小锋等（2015）的研究，本书社会责任数据选取润灵环球的社会责任评级指数。润灵环球（RKS）自主研发了国内第一个针对上市公司的社会责任报告评级系统，该系统提供了客观的社会责任评级信息，润灵环球（RKS）于每年年底召开上市公司社会责任报告的高峰论坛，该论坛具有较高的权威性。因此，润灵环球所提供的社会责任评级是独立的第三方机构作出的评级，不易被操纵，数据更具独立性和客观性。

本章的控制变量除了选取企业年龄（AGE）、“托宾 Q”系数（托宾 Q）、企业盈利能力（ROA）、企业性质（SOE）、资产负债率（LEV）和企业资产规模（SIZE）外，还增加了企业营业收入规模（LNY_ADD）作为控制变量，因为企业营业收入规模越大，社会公众对企业社会责任承担的期望就越高。

如表 6 -9 描述性统计所示，样本企业中我国 A 股制造业上市公司的社会责任评级指数的中位数是 36.0，而平均数是 38.7，整体数据呈现左偏分布，上市公司中社会责任评级指数较高的分布比较密集。社会责任评级指数中最小值是 13.3，最大值是 89.0，不同上市公司之间的社会责任承担具有较大的差异性。A 股制造业上市公司企业年龄、“托宾 Q”系数、企业盈利能力、企业性质、资产负债率、营业收入规模等数据与前文相差不大，不再赘述。此外，由于润灵环球的社会责任评级指数仅披露了一部分上市公司的社会责任评价指数，因此本章的样本数据比前面章节少，但仍然适用回归分析，可以得出有效的回归结果。

表 6 -9　　描述性统计

变量	mean	p25	p50	p75	min	max
企业社会责任	38.6783	29.9500	36.0500	44.2500	13.3300	89.0000
程度中心度_all	0.0032	0.0011	0.0020	0.0038	0.0009	0.0770
程度中心度_input	0.0013	0.0000	0.0010	0.0019	0.0000	0.0343
程度中心度_output	0.0019	0.0000	0.0009	0.0021	0.0000	0.0759
接近中心度_all	0.1819	0.1672	0.1977	0.2212	0.0019	0.3183
接近中心度_input	0.0116	0.0000	0.0022	0.0052	0.0000	0.1019
接近中心度_output	0.0122	0.0000	0.0019	0.0069	0.0000	0.1108
中介中心度	0.0002	0.0000	0.0000	0.0000	0.0000	0.0205
结构洞限制度	0.6357	0.3333	0.5000	1.0000	0.0143	1.0000
AGE	2.7517	2.5649	2.7726	2.9444	0.6931	3.5835
LEV	0.4911	0.3462	0.5135	0.6428	0.0467	1.1123

续表

变量	mean	p25	p50	p75	min	max
托宾 Q	2.0884	1.2195	1.6438	2.4263	0.9400	13.1417
ROA	0.0504	0.0156	0.0421	0.0801	-0.2424	0.2201
SOE	0.6313	0.0000	1.0000	1.0000	0.0000	1.0000
LNY_ADD	22.7722	21.6929	22.7005	23.8448	17.7350	27.4778

资料来源：样本数据统计分析所得。

6.2.3 基准回归结果

如表 6－10 所示，根据整体交叉持股网络计算的程度中心度_all 对企业社会责任评级具有显著正向的影响，即在交叉持股网络中占据中心位置的制造业上市公司有更高的社会责任评级，从而承担了更多的社会责任，这一结论验证了上述的猜想。程度中心度_input 和程度中心度_output 的系数也显著为正，即在上市公司交叉持股网络中，无论是因为被持股而占据中心位置，还是因为持股其他上市公司而占据了中心位置，都显著正向影响了公司的社会责任承担。

表 6－10 还列出了交叉持股网络接近中心度对制造业上市公司社会责任承担的影响，结果表明，无论是把交叉持股网络看作是无向网络，计算得出的接近中心度_all，还是把交叉持股网络看作是有向网络，计算得出的接近中心度_input 和接近中心度_output，都对公司的社会责任承担具有正向影响，即当制造业上市公司更容易通过交叉持股网络连接到其他上市公司时，其社会责任的承担意愿更高，企业社会责任评级更高。这一现象也可以通过交叉持股网络的结构洞限制度来体现，当制造业上市公司处在交叉持股网络结构洞限制度较高的位置时，其更不容易连接到其他上市公司，相当于处于网络的边缘位置，因此其社会责任承担的意愿下降，结构洞限制度与社会责任评级之间的关系显著为负。

表 6－11 是添加控制变量后，交叉持股网络结构特征与企业社会责任评级的回归结果，与表 6－10 类似，程度中心度_all、程度中心度_input 和程度中心度_output 的系数显著为正，在交叉持股网络中占

表 6－10　交叉持股网络与企业社会责任

	(1)	(2)	(3)	(4)	(5)	(6)	(7)	(8)
程度中心度_all	502.1848*** (5.5111)							
程度中心度_input		575.6923* (1.9389)						
程度中心度_output			449.5054*** (5.1092)					
接近中心度_all				20.3528*** (5.1223)				
接近中心度_input					31.4513** (2.2240)			
接近中心度_output						58.5309*** (3.9004)		
中介中心度							288.1755 (0.9455)	
结构洞限制度								-5.9687*** (-6.8171)

续表

	(1)	(2)	(3)	(4)	(5)	(6)	(7)	(8)
常数项	27.5853*** (13.8677)	28.7975*** (12.7648)	28.4683*** (15.1137)	25.1254*** (11.3086)	29.2434*** (13.8495)	28.4768*** (14.2283)	29.6591*** (14.2078)	32.5221*** (16.2780)
行业/年份	控制	控制	控制	控制	控制	控制	控制	控制
N	1497	1497	1497	1497	1497	1497	1497	1497
R^2	0.2576	0.2392	0.2510	0.2448	0.2362	0.2429	0.2346	0.2609

注：括号内为t值，***、**与*分别表示1%、5%与10%的显著性水平。

表 6 - 11　交叉持股网络与企业社会责任（添加控制变量）

	(1)	(2)	(3)	(4)	(5)	(6)	(7)	(8)
程度中心度_all	337.4301*** (4.5477)							
程度中心度_input		418.9712* (1.9195)						
程度中心度_output			299.2436*** (3.9708)					
接近中心度_all				9.9991*** (2.6433)				
接近中心度_input					4.5607 (0.3438)			
接近中心度_output						29.3797** (2.0093)		
中介中心度							-2.3e+02 (-0.8441)	
结构洞限制度								-3.1013*** (-3.7239)

续表

	(1)	(2)	(3)	(4)	(5)	(6)	(7)	(8)
AGE	-0.8735 (-0.9359)	-0.5165 (-0.5469)	-0.9102 (-0.9726)	-0.6740 (-0.7196)	-0.5908 (-0.6265)	-0.8696 (-0.9136)	-0.5226 (-0.5591)	-1.0871 (-1.1622)
LEV	-3.9782** (-1.9880)	-4.3977** (-2.1846)	-4.3822** (-2.1807)	-4.7334** (-2.3564)	-4.7720** (-2.3515)	-4.6845** (-2.3279)	-4.9342** (-2.4437)	-4.0687** (-2.0330)
SIZE	0.8105 (1.3755)	0.9512 (1.5975)	0.8309 (1.4067)	0.9136 (1.5275)	0.9480 (1.5828)	0.8622 (1.4453)	1.0111* (1.6901)	0.7125 (1.2094)
托宾 Q	0.1858 (0.6759)	0.1651 (0.6050)	0.2138 (0.7736)	0.2154 (0.7845)	0.1964 (0.7147)	0.2176 (0.7873)	0.2080 (0.7559)	0.1891 (0.6862)
ROA	-11.8457* (-1.8031)	-13.6997** (-2.0711)	-12.2853* (-1.8674)	-14.0816** (-2.1458)	-13.9024** (-2.1007)	-13.7826** (-2.0961)	-14.1851** (-2.1482)	-13.2822** (-2.0326)
LNY_ADD	2.6178*** (5.0252)	2.6383*** (5.0231)	2.7108*** (5.2045)	2.6943*** (5.1507)	2.7423*** (5.2332)	2.7487*** (5.2720)	2.7419*** (5.2310)	2.6708*** (5.1351)
常数项	-46.6077*** (-6.6476)	-50.0490*** (-7.0026)	-48.3860*** (-6.8969)	-51.6569*** (-7.2738)	-51.5205*** (-7.2076)	-49.6934*** (-6.9975)	-52.9797*** (-7.3876)	-42.1098*** (-5.8894)
行业/年份	控制	控制	控制	控制	控制	控制	控制	控制
N	1461	1461	1461	1461	1461	1461	1461	1461
R^2	0.3457	0.3378	0.3433	0.3386	0.3360	0.3382	0.3364	0.3426

注：括号内为 t 值，***、** 与 * 分别表示 1%、5% 与 10% 的显著性水平。

据中心位置会促使企业社会责任的承担。接近中心度对企业社会责任的影响也是正向的，尽管接近中心度_input 的系数不显著，但仍然为正，即在交叉持股网络中更容易接近其他上市公司的公司，其社会责任评级更高。结构洞限制度也负向影响了企业的社会责任评级，处于结构洞位置的制造业上市公司更不愿意承担社会责任。

控制变量方面，制造业上市公司的资产负债率越高，其社会责任评级指数越低，公司的营业收入规模越大，其社会责任评级指数越大，这也就说明，当上市公司的负债较多时，其更愿意专注于自身短期盈利能力的提升，不想过多地承担社会责任，而当上市公司的营业收入规模较大的时候，社会公众会形成一个预期，即这类公司有必要对社会作出更多的贡献、承担更多的责任，因此公司为了不破坏其公众形象，会更多地承担社会责任，从而使营业收入规模的回归系数显著为正。

6.2.4 行业竞争的调节作用

迫于行业竞争压力，制造业上市公司往往会以同类型的上市公司为参照标准，主动承担更多的社会责任，以期获得消费者的青睐，因此行业竞争程度的不同可能会影响交叉持股网络与企业社会责任评级之间的关系，因此，有必要考察行业竞争在这一关系中的调节作用。

本章选取赫芬达尔指数（HHI）方法对行业竞争指标进行衡量，为了保证结果的稳健性，本书选取了两种计算方法，分别进行回归分析，在计算赫芬达尔指数时，剔除 ST 或*ST 股公司，剔除当年新上市、已经退市或被暂停上市的公司。具体计算方法为 $HHI = sum[(Xi/X)^2]$，其中 HHI_A 利用单个公司所有者权益的账面价值计算其所占行业市场份额。其中，X_i 为单个公司所有者权益的账面价值，X 为该公司所属行业的所有者权益的账面价值总计，（Xi/X）即为该公司所占的行业市场份额，即为行业内的每家公司的所有者权益合计与行业内所有者权益合计的比值的平方累加。HHI_B 利用单个公司总资产计算其所占行业市场份额。其中，X_i 为单个公司的总资产，X 为该公司所属行业的总资产总计，(Xi/X) 即为该公司所占的行业市场份额，即为行业内的每家公司的总资产与行业总资产合计的比值的平方累加。HHI 越大，表示市场集中程度越高，垄断程度也就越高。

如表 6-12 所示，程度中心度_all 与 HHI_A 交叉项的系数显著为负，即当赫芬达尔指数较大时，程度中心度_all 对制造业上市公司社会责任承担的影响减弱。也就是说，当制造业上市公司所处的行业的竞争较为激烈时，处在交叉持股网络中心位置的上市公司具有更高的社会责任评级。程度中心度_all 与 HHI_B 交叉项的系数也显著为负，说明上述结论具有稳健性。从第（3）列和第（4）列中可以看出，程度中心度_input 与 HHI_A 交叉项以及程度中心度_input 与 HHI_B 交叉项的系数均不显著，而从第（5）列和第（6）列中可以看出程度中心度_output 与 HHI_A 交叉项以及程度中心度_output 与 HHI_B 交叉项的系数均显著为负，这在一定程度上验证了前述的假说，因为当制造业上市公司被其他上市公司持股时，其自身的资源优势更强，受到行业竞争程度的影响较小，而当制造业上市公司通过持有其他上市公司股票占据中心位置时，其受到行业竞争的影响较大，因此程度中心度_output 交叉项的系数显著为负，而程度中心度_input 交叉项的系数不显著。

表 6-12　　行业竞争的调节作用

	(1)	(2)	(3)	(4)	(5)	(6)
程度中心度_all	553.4511*** (3.4742)	531.0671*** (3.7003)				
HHI_A	0.6457 (0.0531)		-7.0739 (-0.5540)		-3.6258 (-0.3237)	
程度中心度_all × HHI_A	-2.5e+03** (-2.0459)					

续表

	(1)	(2)	(3)	(4)	(5)	(6)
HHI_B		3.3616 (0.3146)		-4.1970 (-0.3597)		1.1292 (0.1104)
程度中心度_all×HHI_B		-2.1e+03** (-2.1039)				
程度中心度_input			563.5204* (1.6826)	436.4711 (1.2055)		
程度中心度_input×HHI_A			-1.9e+03 (-0.6310)			
程度中心度_input×HHI_B				-1.7e+02 (-0.0506)		
程度中心度_output					494.8513*** (3.0258)	488.8327*** (3.3866)
程度中心度_output×HHI_A					-2.3e+03* (-1.7592)	
程度中心度_output×HHI_B						-2.0e+03** (-1.9678)
AGE	-0.9617 (-1.0257)	-0.9614 (-1.0256)	-0.5236 (-0.5529)	-0.5176 (-0.5482)	-0.9716 (-1.0339)	-0.9540 (-1.0178)
LEV	-3.9708** (-1.9855)	-3.7380* (-1.8659)	-4.5151** (-2.2411)	-4.4138** (-2.1898)	-4.3339** (-2.1555)	-4.1197** (-2.0493)
SIZE	0.8850 (1.4930)	0.8803 (1.4809)	0.9839* (1.6472)	0.9605 (1.6091)	0.8941 (1.5035)	0.8925 (1.4976)
托宾 Q	0.2133 (0.7734)	0.2011 (0.7300)	0.1749 (0.6358)	0.1658 (0.6030)	0.2323 (0.8369)	0.2241 (0.8081)
ROA	-11.4032* (-1.7372)	-11.3748* (-1.7338)	-13.8335** (-2.0764)	-13.6842** (-2.0569)	-11.6126* (-1.7678)	-11.6470* (-1.7729)

续表

	(1)	(2)	(3)	(4)	(5)	(6)
LNY_ADD	2.5639*** (4.8893)	2.5469*** (4.8409)	2.6310*** (4.9967)	2.6352*** (5.0076)	2.6648*** (5.0813)	2.6438*** (5.0258)
常数项	-46.9286*** (-6.5897)	-46.8928*** (-6.6376)	-49.7819*** (-6.8780)	-49.8281*** (-6.9021)	-48.3596*** (-6.8079)	-48.4738*** (-6.8732)
行业/年份	控制	控制	控制	控制	控制	控制
N	1461	1461	1461	1461	1461	1461
R^2	0.3483	0.3478	0.3383	0.3378	0.3453	0.3452

注：括号内为 t 值，*** 、** 与 * 分别表示 1% 、5% 与 10% 的显著性水平。

6.2.5 滞后项稳健性检验

由于交叉持股网络与上市公司社会责任承担之间可能存在内生性问题，即社会责任评级更高的公司更有可能被其他上市公司持股，或者更有可能持有其他上市公司的股票，本小节采用滞后一期的方式进行回归检验，从而减弱可能存在的内生性问题，并对前文结论的稳健性进行检验。表 6－13 给出了交叉持股网络的滞后一期数值对企业社会责任评级的影响。可以看出，与前面内容一致，滞后一期程度中心度对企业社会责任评级的影响显著为正，无论是根据无向网络计算的结果，还是根据有向网络计算的结果，处在交叉持股网络中心位置的企业的社会责任评级明显上升。这一结论同样适用于接近中心度与制造业上市公司社会责任评级之间的关系。结构洞限制度滞后一期对社会责任评级的影响仍然显著为负，即限制度高的上市公司的社会责任评级较低。

表6-13 交叉持股网络与企业社会责任（滞后一期）

	(1)	(2)	(3)	(4)	(5)	(6)	(7)	(8)
L. 程度中心度_all	283.0043*** (3.8800)							
L. 程度中心度_input		389.3053** (1.9904)						
L. 程度中心度_output			247.2788*** (3.1015)					
L. 接近中心度_all				11.7887*** (2.8006)				
L. 接近中心度_input					13.1896 (0.8517)			
L. 接近中心度_output						19.1989 (1.1149)		
L. 中介中心度							-3.5e+02 (-1.1975)	
L. 结构洞限制度								-3.0580*** (-3.3172)
AGE	-0.7701 (-0.6994)	-0.4182 (-0.3761)	-0.8055 (-0.7314)	-0.5696 (-0.5175)	-0.4899 (-0.4437)	-0.7217 (-0.6477)	-0.3590 (-0.3268)	-1.1176 (-1.0132)

续表

	(1)	(2)	(3)	(4)	(5)	(6)	(7)	(8)
LEV	-6.1747*** (-2.8324)	-6.3663*** (-2.8849)	-6.5249*** (-2.9909)	-6.9144*** (-3.1522)	-6.6683*** (-3.0145)	-6.7722*** (-3.0822)	-6.9955*** (-3.1738)	-6.1204*** (-2.8058)
SIZE	1.0332* (1.6763)	1.1296* (1.8196)	1.0426* (1.6897)	1.0905* (1.7524)	1.1043* (1.7645)	1.0915* (1.7575)	1.1982* (1.9238)	0.9361 (1.5210)
托宾 Q	0.0096 (0.0323)	-0.0275 (-0.0934)	0.0108 (0.0363)	0.0443 (0.1479)	-0.0156 (-0.0527)	-0.0069 (-0.0234)	-0.0122 (-0.0412)	-0.0087 (-0.0295)
ROA	-16.6917** (-2.5003)	-17.1513** (-2.5539)	-16.5764** (-2.4803)	-18.2978*** (-2.7233)	-17.0850** (-2.5459)	-16.8661** (-2.5200)	-17.3691** (-2.5762)	-16.7571** (-2.5209)
LNY_ADD	2.7047*** (5.0410)	2.7284*** (5.0550)	2.7732*** (5.1758)	2.7721*** (5.1650)	2.8045*** (5.2059)	2.7944*** (5.2028)	2.8153*** (5.2238)	2.7128*** (5.0651)
常数项	-51.1206*** (-6.3142)	-53.5989*** (-6.5286)	-52.1610*** (-6.4319)	-55.4258*** (-6.7666)	-54.0334*** (-6.5589)	-53.1297*** (-6.4921)	-56.5247*** (-6.8308)	-45.3161*** (-5.4888)
行业	控制	控制	控制	控制	控制	控制	控制	控制
年份	控制	控制	控制	控制	控制	控制	控制	控制
N	1321	1321	1321	1321	1321	1321	1321	1321
R^2	0.2820	0.2766	0.2795	0.2779	0.2745	0.2750	0.2753	0.2807

注：括号内为t值，***、**与*分别表示1%、5%与10%的显著性水平。

6.3 本章小结

企业社会责任（CSR）是企业在获得直接利益和履行法定义务之外，所做的对社会有益的行为（McWilliams & Siegel，2000）。企业发展到一定阶段，应该为增加整体社会福利做贡献，一个高质量发展的企业，应该也是一个增强整体社会福利的企业。润灵环球（RKS）自主研发了国内第一个针对上市公司的社会责任报告评级系统，从本年度拟实行分红政策、雇员总数、反商业贿赂信息、质量管理体系认证、客户满意度、本年度环保改造总投入、本企业碳减排量、本年度社会公益捐赠总额、本年度纳税总额、是否审验以及审验机构等方面系统、客观地提供了社会责任评级信息，为本书的研究提供了数据基础。

本章研究了制造业上市公司网络嵌入对制造业上市公司社会责任评级的影响，研究发现在连锁董事网络和交叉持股网络均对制造业上市公司的社会责任评级产生影响。具体而言，在连锁董事网络中占据中心位置的企业具有更高的社会责任评级。当上市公司处于连锁董事网络的优势位置，即可能直接或者间接地连接到更多其他上市公司时，其社会责任评级指数会更高，公司承担了更多的社会责任。上市公司能够通过连锁董事网络更好地连接到其他上市公司，也就能够获得其他上市公司社会网络承担的具体信息，以调整自身所承担的社会责任，也更容易察觉到其他上市公司在承担社会责任后所获得有利于公司长远发展的好处，从而更多地承担社会责任。

连锁董事网络对制造业上市公司社会责任评级的影响，在内部董事和外部董事网络之间存在异质性，由于社会责任承担具有较强外部性，企业社会责任承担对内部董事的声誉影响较大，因此内部董事网络的影响更大。因此，上市公司在考虑构建连锁董事网络时，不仅要考虑外部连锁董事的构建，还应该从社会责任承担视角，积极调整内部连锁董事网络的结构，从而发挥最大程度地连锁董事网络的作用。

另外，董事长政治背景对连锁董事网络与企业社会责任之间的关系存在调节作用，如果董事长存在政治背景，连锁董事网络对企业社会责任评级指数的影响减弱。因此，在董事长具有政治背景时，应该更多关注政治背景对企业社会责任评级带来的影响。

交叉持股网络对制造业上市公司社会责任评级也具有显著的影响。根据整体交叉持股网络计算的程度中心度对企业社会责任评级具有显著正向的影响，即在交叉持股网络中占据中心位置的制造业上市公司有更高的社会责任评级，从而承担了更多的社会责任。根据有向网络计算的点入度程度中心度和点出度程度中心度系数也显著为正，所以，无论是因为被持股而占据中心位置，还是因为持股其他上市公司而占据中心位置，都显著正向影响了公司的社会责任承担。当制造业上市公司更容易通过交叉持股网络连接到其他上市公司时，其社会责任的承担意愿更高，企业社会责任评级更高。

上述现象也可以通过交叉持股网络的结构洞限制度来体现，当制造业上市公司处在交叉持股网络结构洞限制度较高的位置时，其更不容易连接到其他上市公司，相当于处于网络的边缘位置，因此其社会责任承担的意愿下降。行业竞争变量对交叉持股网络与企业社会责任评级之间的关系起到负向调节作用。当制造业上市公司所在的行业竞争程度小，公司所在的行业垄断程度较高时，交叉持股网络中心位置对企业社会责任评级的影响减弱。因此，适度限制行业的垄断行为，增强市场竞争，有利于制造业上市公司之间的交叉持股网络正向作用的发挥。

第7章　供应网络信用议价能力与企业双维绩效

7.1　引　言

企业在商品交易中经常采用赊销、赊购的方式，这种允许客户延期付款的行为相当于为客户提供一种短期借款，由此形成的债权也被称为商业信用（陈正林，2017）。在金融体系不健全、金融市场不发达的国家和地区，商业信用成为企业发展的重要推动力（Fisman & Love，2003）。2017年我国全部上市公司共3596家，其中年末不存在应付账款公司仅有41家（约占1.14%）。[①] 通常情况下，应收账款多的企业被其客户占用大量营运资金，而应付账款多的企业则可以较多占用客户的资金，从而不同商业信用模式的公司存在不同的营运资金成本。由此可见，应收账款、应付账款的多寡能够在一定程度上反映企业在其供应链和产业链上是否有能力多占用供应商的资金和减少客户对自有资金的占用，也即企业的信用议价能力。

尽管学术界没有明确提出信用议价能力的有关概念，但关于商业信用供给和占用为什么会存在的研究体现了学者们对信用议价能力的探讨。相关研究主要从买方市场理论角度和替代性融资角度展开分析（陆正飞和杨德明，2011）。买方市场理论认为，由于客户议价能力强或者企业为了能够尽快地销售商品，企业不得不通过让渡自己的营

① 国泰安（CSMAR）数据库。

运资金使用权限，为客户提供商业信用（Fabbri & Menichini，2010）。而替代性融资理论认为，由于企业自身存在严重的融资约束，没有办法从正规金融机构获得信贷支持，从而向其供应商寻求非正规的金融支持（Petersen & Rajan，1997）。但无论是买方市场理论还是替代性融资理论都是相对单一的视角，其背后都是讨价还价的能力在发挥作用，而且企业讨价还价的最终目的都是为了增加自身的收益，从而提升企业绩效。

在具有“人情”和“关系”社会特征的中国，企业间的人际关系网络在商业信用运作过程中作用明显。尽管弗拉卡西和泰特（Fracassi & Tate，2012）发现企业间的董事网络关系在一定程度上限制了公司治理的有效性，但在市场环境以及法律制度相对不够完善、具有人情社会特征的中国，企业因其连锁董事网络所拥有的社会资本，在很大程度上构成了公司战略的一部分，成为其获得稀缺资源、提升竞争力的重要途径（游家兴和刘淳，2011；Campello et al.，2011）。具有丰富外部网络连接的CEO能获得更多的外部资源因而具有更高的价值（Engelberg & Parsons，2013），也有助于企业获取债务融资（王营和曹廷求，2014）。因此，在研究信用议价能力与企业绩效之间的关系时，企业的连锁董事网络在其中的调节作用是不可忽视的。

基于此，我们运用2003～2016年中国制造业上市公司的经验数据，分析企业的商业信用与企业绩效之间的关系，并考察连锁董事网络特征在其中的调节作用。具体而言，为了综合考察企业商业信用占用与供给的整体影响，增强企业间商业信用运用的可比性，本书首先构建了商业信用议价能力指标，并从企业的短期盈利能力与长期发展能力两个维度进行分析。通过上市公司之间董事会成员的任职关系网络，本书剖析了公司之间的关联关系，分析了公司间连锁董事网络的结构洞和中心度特征对信用议价能力与公司绩效关系的调节作用。

7.2　文献综述与研究假说

商业信用作为企业最为主要的经营性融资方式影响着企业的方方面面，尽管没有学者直接从信用议价能力角度进行研究，但有学者发现较多占用商业信用的企业具有较高的产能利用率（Fisman，2001），能够表现出较高的增长率（Fisman & Love，2003），具有更高的价值（陆正飞和杨德明，2011）。学者们大多从商业信用占用层面考虑问题，而且得出商业信用占用有利于企业绩效的结论。通过分析五个发展中国家的企业数据，菲斯曼（Fisman，2001）指出商业信用占用使企业不必等到产品全部销售完成就可以获得下一生产周期的原材料，从而缩短了企业的生产周期，提高了企业的生产效率。陆正飞和杨德明（2011）利用我国 A 股上市公司数据发现，当企业占用超额商业信用时，企业具有更高的价值。付佳（2017）则指出由税收规避引起的商业信用占用减少会显著降低企业绩效。也有学者从商业信用供给角度进行分析，王竹泉和孙兰兰（2016）发现商业信用供给与企业绩效之间有倒“U”型关系。

已有的文章大多仅从商业信用供给或占用的一个方面进行研究，不仅没有全面反映商业信用的净占用情况（王立夏和李航，2017），而且只有少部分考虑了商业信用与企业绩效之间的非线性关系（张良和马永强，2016；王竹泉和孙兰兰，2016）。但是，由于企业在供应商那里得到了商业信用，就更有可能向自己的客户提供商业信用，并且在应收账款与应付账款的合同之间进行匹配，使其具有相近的到期日（Fabbri & Klapper，2008），将其商业信用的占用与供给割裂来看会导致问题分析不全面。因此，构造信用议价能力指标，综合反映了企业在经营中对商业信用的运用情况能够在一定程度上解决这一问题。同时，如果企业的信用议价能力较高，也就是商业信用净占用的相对值越高，在一定程度上能够促进企业绩效的提升，不过，如果信用议价能力过高，则反映了企业并没有较好地进行应收账款、应付账款之间的期限匹配，或者企业滥用商业信用，因而会对企业绩效产生负面的影响。所以，在最初阶段信用议价能力的增加有助于企业绩效的提升，但是当超过某一临界点时，信用议价能力的增加将有碍企业绩效的提升，对企业发展造成负面影响。

因此，本书提出假说 1：信用议价能力与企业绩效具有显著倒“U”型关系。

由于自身性质及所处市场环境的不同，企业的商业信用运用行为及其后果也存在较大差异。亨德曼和塞里奥（Hyndman & Serio, 2007）利用企业层面的数据调查了商业信用供给与企业市场结构之间的关系，他们发现两者之间存在倒“U”型关系，垄断企业相较于竞争环境中的公司更有可能不提供商业信用。这一结论也被我国学者大量证实，方明月（2014）考察了市场竞争以及企业自身财务约束对企业商业信用占用与供给的影响，她发现在企业财务约束松的情况下，市场竞争越激烈，企业提供的商业信用越多；在企业财务约束紧的情况下，市场竞争越激烈，企业获得的商业信用占用越少。孙浦阳等（2014）利用中国企业数据库数据发现，当正规部门的融资成本上升时，国有企业、外资企业以及外部金融环境良好的企业可以更有效地获得商业信用占用，从而使商业信用成为其有效融资渠道。因此，当企业所在地区市场化程度高时，企业更容易从正规部门获得融资，对商业信用融资的需求会减少，企业的信用议价能力与企业绩效之间的关系也就不再显著。

虽然基于买方市场角度，信用议价能力与企业绩效之间的倒“U”型关系是由于企业的营运资金管理的无效率导致的，但是从替代性融资角度来看，企业迫于融资约束压力，向上游企业寻求非正规融资支持，也会出现信用议价能力与企业绩效之间先上升后下降的关系，因此本书将对企业性质进行分样本考察，通常情况下，国有企业的融资约束要远小于非国有企业，非国有企业由于不容易获得外部支持，而更看重企业的资金管理，会更为谨慎对待每一笔资金。因此，如果国有企业的信用议价能力与企业绩效之间出现倒“U”型关系，而非国有企业仅存在正相关关系，则能够说明上文的猜想。

现有的研究也提供了一定的理论支持，余明桂和潘红波（2010）指出非国有企业比国有企业面临更大的市场竞争压力，所以非国有企业相较于国有企业提供了更多的商业信用。同时，陈正林（2017）发现客户集中导致企业不得不提供更多的商业信用，同时他发现企业面临的上下游企业间纵向竞争与同类企业间横向竞争的共同作用使得非国有企业提供了更多的商业信用，而国有企业受到的影响较小。尽管非国有企业供给了较多的商业信用，但张杰等（2013）发现，商业信用占用作为民营企业融资的重要外部来源，其对规模较大的民营企业的固定资产增长具有积极的推动作用。因此，非国有企业会谨慎对待其获得的营运资金，即非国有企业的信用议价能力与企业绩效之间不存在倒“U”型关系。

因此，本书提出假说 2：市场化程度低的地区企业信用议价能力与企业绩效间存在显著的倒“U”型关系，市场化程度高的地区则不成立；国有企业信用议价能力与企业绩效间存在显著的倒“U”型关系，非国有企业则不成立。

从买方市场角度来看，企业能够占用商业信用或者减少商业信用供给都是因为企业在市场中占据强势地位，能够在交易谈判中获得更多的好处，即企业作为客户，其市场地位高，可以占用供应商的商业信用，而企业作为供应商，其市场地位高则可以加速收款以及减少赊销。从替代性融资角度来看，企业占用商业信用是一种退而求其次的行为，由于得不到正规金融机构的贷款而不得不求助于供应商，所付出的代价可能是高的商品交易价格。由此可见，商业信用的运用离不开公司之间的讨价还价，而企业董事之间良好的人际关系和丰富的人脉资源被认为具有非正式保险的作用（Ambrus et al.，2014），在具有差序格局的中国其作用尤为明显。

同时，连锁董事网络特征也会影响企业的其他行为结果，连锁董事网络可以更好地增加股东财富（Schonlau & Singh，2008）、缓解企业的融资约束（尹筑嘉、曾浩和毛晨旭，2018）、提升企业的股票回报率（Larcker et al.，2013）。上市公司连锁董事网络结构特征还能对企业冗余资源与多元化程度之间的关系进行调节作用，并且随着冗余资源类型的变化而变化（刘冰等，2011）。通过测算董事的校友关系网络特征，唐松等（2017）发现随着董事社会网络中心度的提高，可抵押资产对商业信用获取的正向作用减弱。因此，连锁董事网络特征与信用议价能力以及企业绩效之间存在一定关联。

艾伦等（Allen et al.，2005）指出在中国基于“声誉”和“关系”的融资渠道是支持私营部门经济增长的重要原因，通过问卷调查，他们发现几乎所有的董事都担心自己的声誉问题，在连锁董事网络中居于中心地位的董事会尽量避免商业信用违约情况发生。基于这些原因，企业中连锁董事越多，越会审慎运用商业信用，这在一定程度上抑制了商业信用供给与企业绩效之间有倒“U”型关系。但是居于网络中心地位的董事也有可能在获得商业信用方面具有优势，从而加剧商业信用的滥用现象。陈运森（2013）发现企业所处的董事网络中结构洞越丰富，获取的商业信用越多。因此，企业的连锁董事网络特征会加剧或者缓解企业信用议价能力与企业绩效之间的倒“U”型关系，但具体出现何种情况不确定。

因此，本书提出假说3：连锁董事网络特征对信用议价能力与企业绩效之间的倒“U”型关系具有调节作用。

7.3 研究设计与数据模型

7.3.1 数据来源与样本选择

采购原材料与销售产品是制造业公司的主要经营业务，因此，采用制造业上市公司的数据能更好地反映企业商业信用占用和供给的情况。另外，因为上市公司股权治理数据从2003年开始有较为完整的披露，因此，本书选取我国A股制造业上市公司2003～2016年的数据，对研究假说进行检验。本书样本公司的数据来自国泰安数据库和Wind数据库，并进行抽样与公司年报核对验证，补充了部分缺失数据。剔除公司财务或治理数据不完整的样本后，本书共得到 14482 个公司年度样本数据。为了消除异常值的影响，本书对所有连续变量进行了 Winsorize 缩尾处理（上下 1% 分位数）。

7.3.2　研究变量的定义

本书的被解释变量是企业绩效，为了能够更加具体和全面地刻画企业绩效，本书选取了表示企业短期盈利能力的总资产报酬率（ROA）和表示企业长期发展能力的可持续增长率（SUSG），即企业双维绩效作为被解释变量。鉴于数据的可得性，本书采用范霍恩模型进行可持续增长率的度量（王福胜和曾子晖，2008；郑春美和李晓，2016），并在稳健性检验中采用希金斯模型方法得到的可持续增长率进行检验。

本书的主要解释变量为企业的信用议价能力，为了刻画信用议价能力，本书借鉴陆正飞和杨德明（2011）的研究，将企业的应付账款、应付票据以及预收账款作为企业的商业信用占用，同时将企业的应收账款、应收票据以及预付账款作为企业的商业信用供给，借鉴江伟和曾业勤（2013）、王彦超（2014）、刘慧凤和黄幸宇（2017）的研究方法，将企业的商业信用占用与商业信用供给的差额作为企业净商业信用占用，并用企业商业信用供给进行标准化。同时，考虑到企业对商业信用供给和占用受到企业毛利率的影响，本书将两者的差额作为企业信用议价能力（Nego）变量，即 [（销售收入 - 销售成本）/销售收入] - [（商业信用供给 - 商业信用占用）/商业信用供给]，进一步简化上述结果，企业的信用议价能力可以表示为 [商业信用占用/商业信用供给] - [销售成本/销售收入]。

企业的信用议价能力第一项考察了企业的商业信用相对占用情况，第二项排除了公司商品买卖规模的影响，因此，不同公司、同一公司不同时间的信用议价能力之间具有可比性。与张杰等（2013）的“净应收账款 =（年均应收账款 - 年均应付账款）/销售收入”或者张新民等（2012）的“净商业信用 =（商业信用占用 - 商业信用供给)/总资产”两个指标相比，本书构造的指标将商业信用供给与商业信用占用相对应、将销售收入与销售成本相对应，而非将赊销的账目对应实销的账目，更能明确本书的讨论要点，即信用议价能力而非商业信用的净占用情况，见表7-1。

本书分别选取企业规模企业（SIZE）、资产负债率（Asli）、成长能力（Growth）、现金流占比（Cash）、第一大股东持股比例（Conc）和S指数（Shrs）、企业年龄（AGE）作为控制变量。

表7-1　　研究变量的定义

符号	变量	变量定义
ROA	总资产报酬率	(利润总额+财务费用)/平均资产总额
SUSG	可持续增长率	净资产收益率×收益留存率/(1-净资产收益率×收益留存率)
Nego	信用议价能力	「商业信用占用/商业信用供给」-「销售成本/销售收入」 其中商业信用占用为：应付账款+应付票据+预收账款； 商业信用供给为：应收账款+应收票据+预付账款
Asli	资产负债率	负债总额/资产总额
SIZE	公司规模	总资产的自然对数
Growth	成长能力	(当期销售收入-上期销售收入)/上期销售收入
Cash	现金流占比	经营活动产生的现金流量占总资产的比重
Conc	股权集中度	第一大股东持股比例
Shrs	S指数	公司第二大股东至第十大股东持股比例之和
AGE	企业年龄	截至研究时点企业存续时间
State	企业产权性质	按产权类型划分，国有控股公司取1，其余取0
Market	市场化指数	王小鲁等计算的各省区市场化指数①
Hole	结构洞特征	企业的连锁董事网络结构洞特征（使用Pajek软件计算）
Deg	程度中心度	企业的连锁董事网络程度中心度（使用Pajek软件计算）
Bet	中介中心度	企业的连锁董事网络中介中心度（使用Pajek软件计算）
Clo	接近中心度	企业的连锁董事网络接近中心度（使用Pajek软件计算）
Wei	加权中心度	企业的连锁董事网络加权中心度（使用Pajek软件计算）

① 从王小鲁、樊纲和于静文（2017）的《中国分省份市场化指数报告》中获取数据，数据仅到2014年。

7.3.3 模型设定

为了检验信用议价能力与企业绩效之间的关系，我们引入了信用议价能力的一次项和二次项，并控制了年度变量以及行业类型变量，采用双向固定效应模型对非平衡面板数据进行分析，得到基准回归模型（1）：

$$ROA_{i,t}(SUSG_{i,t}) = \beta_0 + \beta_1 Nego_{i,t} + \beta_2 Nego_{i,t}^2 + \sum \beta_k Controls_{i,t} + \sum Year + \sum Ind + \varepsilon_{i,t} \tag{7.3.1}$$

为了考察连锁董事网络对信用议价能力与企业绩效关系的调节作用，本书构建回归模型（2）如下所示：

$$\begin{aligned} ROA_{i,t}(SUSG_{i,t}) = {} & \beta_0 + \beta_1 Nego_{i,t} + \beta_2 Nego_{i,t}^2 + \beta_3 Network_{i,t} \\ & + \beta_4 Nego_{i,t} \times Network_{i,t} + \beta_5 Nego_{i,t}^2 \times Network_{i,t} \\ & + \sum \beta_k Controls_{i,t} + \sum Year + \sum Ind + \varepsilon_{i,t} \end{aligned} \tag{7.3.2}$$

7.4 实证结果与分析

7.4.1 主要变量描述性统计

表7-2是主要变量描述性统计结果，其中总资产报酬率的标准差为0.065，而可持续增长率的标准差为0.0140，上市公司间可持续增长率的差异程度远大于总资产报酬率。上市公司的信用议价能力均值为0.453，不同上市公司之间的信用议价能力也有较大差异，其中最大值达到7.870，而最小值仅有-0.718。其余控制变量的性质与已有研究基本相同，不再赘述。

表 7－2　　主要变量描述性统计

变量	Obs	Mean	Std. Dev.	Min	Max
ROA	14482	0.03724	0.06523	－0.22503	0.23211
SUSG	14482	0.03721	0.13958	－0.75230	0.39460
Nego	14482	0.45253	1.32396	－0.71775	7.86997
Asli	14482	0.45142	0.21369	0.05159	1.08787
SIZE	14482	21.69456	1.14469	19.25735	25.05800
Growth	14482	0.18404	0.41108	－0.56897	2.62881
Cash	14482	0.04509	0.07035	－0.17148	0.24805
Conc	14482	16.03153	16.97074	0.10530	63.59170
Shrs	14482	10.43326	8.80261	0.47710	39.77650
AGE	14482	14.12595	5.30761	2.00000	58.00000
Hole	14482	0.42468	0.30111	0.00000	1.38889
Deg	14482	4.02417	3.19164	0.00000	22.00000
Bet	14482	0.00219	0.00415	0.00000	0.07943
Clo	14482	0.13512	0.06413	0.00000	0.23123
Wei	14482	4.25494	3.44265	0.00000	25.00000

资料来源：Stata 14.0 运算估计结果。

7.4.2　信用议价能力对双维企业绩效的影响

我们首先检验了模型（7.3.1），得到的回归结果见表 7－3，从表中的第（1）~第(4）列可以看出，无论是否加入控制变量，在控制了行业与年份的情况下，信用议价能力与总资产报酬率、可持续增长率均呈现倒“U”型关系。这一倒“U”型关系表明，虽然信用议价能力与企业绩效的一阶关系为正，但并不能说明信用议价能力越高越好，商业信用占用过多一方面可能源于企业资金链出现问题，另一方面则说明企业并没有很好地规划商业信用使用，没有实现信用占用与信用供给的统筹规划。但是，二次关系的拐点数值较大，在拐点之后区间的企业较少，说明我国多数企业并没有出现信用占用过多导致企业绩效下滑的状况。控制变量中，公司规模、成长能力、现金流占比、S 指数的系数均为正，资产负债率、企业年龄的系数为负，与现有研究一致（张祥建等，2015）。

表 7－3　　　　　　信用议价能力对双维企业绩效的影响

	(1)	(2)	(3)	(4)
	ROA	ROA	SUSG	SUSG
Nego	0. 0016 (0. 9501)	0. 0058 *** (4. 1018)	0. 0050 (1. 0353)	0. 0124 *** (2. 9239)
$Nego^2$	－0. 0005 ** (－1. 9634)	－0. 0007 *** (－3. 6835)	－0. 0013 * (－1. 8720)	－0. 0017 *** (－2. 7225)
Asli		－0. 1640 *** (－26. 4062)		－0. 3044 *** (－14. 6539)
SIZE		0. 0081 *** (4. 8971)		0. 0305 *** (7. 5783)
Growth		0. 0341 *** (20. 4975)		0. 0693 *** (17. 1143)
Cash		0. 1480 *** (13. 3408)		0. 2755 *** (10. 2801)
Conc		0. 0000 (0. 2198)		0. 0002 * (1. 8460)
Shrs		0. 0004 *** (4. 8026)		0. 0008 *** (4. 1237)
AGE		－0. 0012 *** (－3. 8089)		－0. 0041 *** (－5. 2614)
年度	控制	控制	控制	控制
行业	控制	控制	控制	控制
N	14482	14482	14482	14482
R^2	0. 0501	0. 2862	0. 0301	0. 1776

注：括号内为 t 值，*** 、** 与 * 分别表示 1% 、5% 与 10% 的显著性水平。

7. 4. 3　制度环境与市场环境异质性分析

由于我国经济仍处于转轨阶段，不同地区之间制度环境以及市场环境存在较大的差异，为了更好地分析信用议价能力与总资产报酬率、可持续增长率倒“U”型关系的机制，本书将进行制度环境以及市场环境分组回归，以期进一步探究倒“U”型关系存在的原因。

本书先进行了制度环境分组回归，由于我国上市公司的控制人具有不同的性质，通常国有控股的企业因为具有制度环境背景优势，在多个方面相对于非国有企业具有优势，因此，本书将国有企业与非国有企业进行分组回归，结果如表7-4所示，第（1）和第（3）列为国有企业组，第（2）和第（4）列为非国有企业组，其中，第（4）列中二次项系数不显著，即非国有企业中，信用议价能力与可持续增长率仅具有显著的正相关关系。这与假说2一致，由于相对于国有企业非国有企业在筹资、融资方面更不具有优势，企业的信用议价能力也相对较弱，因此非国有企业对商业信用的使用更谨慎，较少出现过度占用商业信用的情况。

表7-4　制度环境分组回归

	(1)	(2)	(3)	(4)
	ROA	ROA	SUSG	SUSG
	国企	非国企	国企	非国企
Nego	0.0047** (2.4210)	0.0042* (1.8876)	0.0089* (1.6813)	0.0130** (2.0007)
$Nego^2$	-0.0007*** (-2.6859)	-0.0005* (-1.6522)	-0.0018** (-2.2517)	-0.0012 (-1.2741)
控制变量	控制	控制	控制	控制
年度	控制	控制	控制	控制
行业	控制	控制	控制	控制
N	6169	8313	6169	8313
R^2	0.3048	0.2494	0.2010	0.1507

注：括号内为t值，***、**与*分别表示1%、5%与10%的显著性水平。

根据王小鲁等（2017）计算的各省区市场化指数，我们计算出不同年份、行业的地区市场化指数均值，并将样本分为大于均值组和小于均值组，回归结果如表7-5所示，第（1）列和第（2）列的回归结果不显著，表明当市场化指数高时，信用议价能力与企业绩效之间的关系不再显著，也就是说，当市场环境足够好时，企业并不需要借助商业信用来缓解融资约束，从而在市场环境较好的地区信用议价能力与总资产报酬率之间并无显著关联。

表7-5　　市场环境分组回归

	(1)	(2)	(3)	(4)
	ROA	ROA	SUSG	SUSG
	Market 大于均值	Market 小于均值	Market 大于均值	Market 小于均值
Nego	0.0037* (1.8355)	0.0083*** (3.9249)	0.0089 (1.4198)	0.0161** (2.5815)
$Nego^2$	-0.0004 (-1.5307)	-0.0010*** (-3.4733)	-0.0014 (-1.5573)	-0.0015* (-1.7398)
控制变量	控制	控制	控制	控制
年度	控制	控制	控制	控制
行业	控制	控制	控制	控制
N	8713	5769	8713	5769
R^2	0.2690	0.3030	0.1600	0.1944

注：括号内为t值，***、**与*分别表示1%、5%与10%的显著性水平。

7.4.4 连锁董事网络的调节效应

网络度量指标包括结构洞（structural holes）指标和中心度（centrality）指标，其中，“结构洞”就是指社会网络中的空隙，即社会网络中某个或某些个体和有些个体发生直接联系，但与其他个体不发生直接联系，即无直接关系或关系间断，从网络整体看好像网络结构中出现了洞穴。企业如果处于结构洞位置，则可以较好地控制社会资源。

网络中心度的具体衡量指标主要包括程度中心度（degree centrality）、中介中心度（betweenness centrality）、接近中心度（closeness centrality）和加权度中心度（weighted degree centrality）。四个中心度计量指标分别从不同角度计量了社会网络中的个体与网络成员之间的关系，其中程度中心度是衡量与某公司直接联结的其他公司的数量之和；中介中心度是衡量公司网络中某个公司控制其他公司网络联系路径的程度，也就是公司充当“中间人”的程度；接近中心度衡量某公司与公司网络中其他董事的距离，如果一个公司与网络中所有其他公司的距离都很短，则称该公司具有较高的接近中心度；加权度中心度则是考虑了公司之间有多位董事关联的现象。

结构洞和中心度从两个不同的方面测度了网络结构的特征，结构洞更侧重考察企业对资源的掌控能力，中心度特征则体现了企业对资源的共享程度。中介中心度与结构洞的对比更为明显，中介中心度衡量了一个企业所有可以连通的网络，而结构洞特征衡量了仅能通过该企业进行连通的网络。也就是说结构洞特征是一个“强”中间人的角色，而中介中心度特征是一个“弱”中间人的角色。

通过计算按照年份和地区分组的结构洞特征与中心度特征的均值，我们构造了企业连锁董事网络特征的虚拟变量，即当结构洞特征大于均值时，DHole 取值为 1，否则为 0，当程度中心度大于均值时，DDeg 取值为 1，否则为 0，DBet、DClo 以及 DWei 以同样的方法得到。通过加入网络结构特征虚拟变量与信用议价能力的交叉项，本书考察了公司连锁董事网络结构特征的调节作用，如表 7－6、表 7－7 所示，就短期绩效而言，结构洞位置对信用议价能力与企业绩效关系的影响不显著。而在长期中，结构洞指标与信用议价能力的一次项的交叉项系数显著为正，也就是说，占据结构洞位置的企业可以扩大商业信用对企业长期绩效的正向促进作用，但也助长了商业信用滥用。

表 7－6 第（3）列表明，中介中心度与信用议价能力的一次项的交叉项系数显著为负、二次项的交叉项系数显著为正，说明公司与其他企业关联越多，信用议价能力对企业短期绩效的促进作用反而越小，可见企业的“弱”中间人角色特征与结构洞所表示的“强”中

间人特征的作用相反，处于连通节点的董事们对“声誉”的关注导致了他们更加审慎运用商业信用，从而抑制了商业信用供给与企业绩效之间有倒“U”型关系。此外，在长期企业绩效维度下，接近中心度与信用议价能力的二次项的交叉项系数显著为正，即企业董事的关联程度较高，董事之间的信息交流顺畅，越能抑制商业信用滥用，这或许与公司董事的隐性信用担保机制有关，本文在进一步分析中将作更加详细的讨论。

表 7-6　被解释变量为 ROA 的连锁董事网络调节效应

	(1)	(2)	(3)	(4)	(5)
Nego	0. 0070 *** (4. 2621)	0. 0074 *** (4. 6413)	0. 0066 *** (3. 3413)	0. 0064 *** (3. 9399)	0. 0072 *** (4. 2638)
$Nego^2$	-0. 0010 *** (-4. 2218)	-0. 0011 *** (-4. 1334)	-0. 0009 *** (-2. 9872)	-0. 0009 *** (-3. 8239)	-0. 0008 *** (-3. 0060)
DHole	0. 0011 (0. 8874)				
Nego × DHole	0. 0014 (0. 7277)				
$Nego^2$ × DHole	-0. 0001 (-0. 1849)				
DDeg		0. 0012 (1. 0904)			
Nego × DDeg		-0. 0023 (-1. 3142)			
$Nego^2$ × DDeg		0. 0006 ** (2. 1480)			
DBet			0. 0012 (1. 0457)		
Nego × DBet			-0. 0037 * (-1. 8743)		

续表

	(1)	(2)	(3)	(4)	(5)
$Nego^2 \times DBet$			0.0008** (2.2063)		
DClo				0.0019 (1.5981)	
Nego × DClo				-0.0012 (-0.5752)	
$Nego^2 \times DClo$				0.0002 (0.6458)	
DWei					0.0011 (0.9888)
Nego × DWei					-0.0010 (-0.5903)
$Nego^2 \times DWei$					0.0004 (1.2264)
控制变量	控制	控制	控制	控制	控制
年度	控制	控制	控制	控制	控制
行业	控制	控制	控制	控制	控制
N	14482	14482	14482	14482	14482
R^2	0.2865	0.2870	0.2871	0.2865	0.2867

注：括号内为t值，***、**与*分别表示1%、5%与10%的显著性水平。

表7-7　被解释变量为SUSG的连锁董事网络调节效应

	(1)	(2)	(3)	(4)	(5)
Nego	0.0156*** (3.2114)	0.0150*** (3.1388)	0.0192*** (3.4717)	0.0140*** (2.9332)	0.0231*** (5.1494)
$Nego^2$	-0.0023*** (-2.9792)	-0.0020*** (-2.6935)	-0.0028*** (-3.4755)	-0.0021*** (-2.8236)	-0.0030*** (-4.5701)

续表

	(1)	(2)	(3)	(4)	(5)
DHole	-0.0011 (-0.4120)				
Nego × DHole	0.0120** (2.1703)				
$Nego^2$ × DHole	-0.0014 (-1.5968)				
DDeg		0.0002 (0.0788)			
Nego × DDeg		-0.0066 (-1.2605)			
$Nego^2$ × DDeg		0.0012 (1.4264)			
DBet			0.0019 (0.6359)		
Nego × DBet			-0.0064 (-1.2796)		
$Nego^2$ × DBet			0.0008 (0.9904)		
DClo				0.0025 (0.7711)	
Nego × DClo				-0.0103* (-1.8932)	
$Nego^2$ × DClo				0.0017* (1.8784)	
DWei					0.0001 (0.0215)

续表

	(1)	(2)	(3)	(4)	(5)
Nego × DWei					-0.0028 (-0.5611)
$Nego^2$ × DWei					0.0008 (0.8720)
控制变量	控制	控制	控制	控制	控制
年度	控制	控制	控制	控制	控制
行业	控制	控制	控制	控制	控制
N	14482	14482	14482	14482	14482
R^2	0.1783	0.1779	0.1778	0.1781	0.1778

注：括号内为 t 值，*** 、** 与 * 分别表示 1%、5% 与 10% 的显著性水平。

7.5 稳健性检验

7.5.1 分位数回归

由于企业绩效与信用议价能力之间可能存在内生性问题，绩效较好的企业可能在一定程度上就在商业信用应用方面占据优势，因此为了排除这一影响，我们采用分位数回归的方式检验了不同分位点处信用议价能力与企业绩效之间的关系，主要结果如表 7-8 所示，无论是总资产报酬率还是可持续增长率，分位数回归结果均显示，在 0.1、0.25、0.5、0.75、0.9 分位点处，信用议价能力与企业绩效之间均呈现倒“U”型关系。

表 7 - 8　　　　分位数回归

	(1)	(2)	(3)	(4)	(5)
分位点	0.1	0.25	0.5	0.75	0.9
	ROA	ROA	ROA	ROA	ROA
Nego	0.0076 *** (28.5298)	0.0046 *** (4.6655)	0.0053 *** (27.0844)	0.0101 *** (42.6462)	0.0070 *** (8.3030)
$Nego^2$	-0.0015 *** (-33.3359)	-0.0006 *** (-7.7058)	-0.0005 *** (-72.2968)	-0.0011 *** (-38.5266)	-0.0007 *** (-4.5853)
控制变量	控制	控制	控制	控制	控制
N	14482	14482	14482	14482	14482
	(6)	(7)	(8)	(9)	(10)
	SUSG	SUSG	SUSG	SUSG	SUSG
Nego	0.0203 *** (9.8062)	0.0046 *** (7.5657)	0.0072 *** (5.7565)	0.0045 *** (143.6998)	0.0192 *** (14.4779)
$Nego^2$	-0.0033 *** (-13.0838)	-0.0014 *** (-18.1735)	-0.0014 *** (-6.5906)	-0.0009 *** (-14.5657)	-0.0017 *** (-11.6225)
控制变量	控制	控制	控制	控制	控制
N	14482	14482	14482	14482	14482

注：括号内为 t 值，*** 、** 与 * 分别表示 1%、5% 与 10% 的显著性水平。

7.5.2　工具变量回归

除了使用分位数回归检验内生性问题外，本书还采用工具变量法对回归结果的稳健性进行了检验。首先是将企业的信用议价能力按照不同年份、行业和地区求均值，将这一均值作为信用议价能力的工具变量，其次使用信用议价能力的滞后一期作为工具变量，进行稳健型检验。结果如表 7 - 9 所示。

表 7-9　　工具变量回归

	(1)	(2)	(3)	(4)
	ROA	SUSG	ROA	SUSG
	均值 IV	均值 IV	滞后一期 IV	滞后一期 IV
Nego	0.0066*** (3.9088)	0.0170*** (3.8037)	0.0227*** (9.3921)	0.0542*** (8.5783)
$Nego^2$	-0.0008*** (-3.1999)	-0.0025*** (-4.0093)	-0.0019*** (-4.6473)	-0.0065*** (-6.2010)
控制变量	控制	控制	控制	控制
年度	控制	控制	控制	控制
行业	控制	控制	控制	控制
N	14360	14360	14331	14331
R^2	0.2861	0.1772	0.2521	0.1590

注：括号内为 t 值，***、**与*分别表示1%、5%与10%的显著性水平。

7.5.3 改变主要变量的计算方法与增加控制变量

由于销售成本中包含固定资产的折旧和无形资产的摊销额，而这一部分并不需要企业真的给付现金，所以信用议价能力公式中将销售成本换成付现销售成本可能更符合现实情况。因此，我们使用付现销售重新计算了信用议价能力记为 Negof，进行稳健性检验。另外，我们用希金斯模型方法得到的可持续增长率（SGR）替代范霍恩模型得到的可持续增长率（SUSG）进行检验。如表 7-10 所示，回归结果没有发生显著变化。

表 7-10　　改变主要变量

	(1)	(2)	(3)	(4)
	ROA	SUSG	SGR	SGR
Negof	0.0040*** (2.8428)	0.0091** (2.0407)		

续表

	(1)	(2)	(3)	(4)
	ROA	SUSG	SGR	SGR
$Negof^2$	-0.0005*** (-2.6353)	-0.0011* (-1.8990)		
Nego			0.0074 (1.3350)	0.0161*** (3.1939)
$Nego^2$			-0.0015* (-1.7792)	-0.0019** (-2.4977)
控制变量	不控制	控制	不控制	控制
年度	控制	控制	控制	控制
行业	控制	控制	控制	控制
N	14482	14482	14482	14482
R^2	0.2852	0.1769	0.0346	0.1895

注：括号内为t值，***、**与*分别表示1%、5%与10%的显著性水平。

7.5.4 增加控制变量

大客户和大的供应商在企业商业信用使用方面也存在一定的影响，可能会改变企业商业信用使用的方式，因此本书将前五大供应商占比（Supp）、前五大经销商占比（Buyer），作为控制变量加入回归中，回归结果仍不改变，见表7-11。

表7-11 增加控制变量稳健性检验

	(1)	(2)
	ROA	SUSG
Nego	0.0048*** (2.9956)	0.0091** (2.2369)
$Nego^2$	-0.0008*** (-3.0750)	-0.0017*** (-2.8130)

续表

	(1)	(2)
	ROA	SUSG
Supp	0.0001 (1.4978)	-0.0001 (-0.5283)
Buyer	0.0002*** (3.9352)	0.0003** (2.4843)
其他控制变量	控制	控制
年度	控制	控制
行业	控制	控制
N	9032	9032
R^2	0.2869	0.1858

注：括号内为t值，***、**与*分别表示1%、5%与10%的显著性水平。

7.6 风险水平与信用议价能力

企业的经营风险水平关乎企业的信用还款情况，高风险企业可能不能获得供应链中其他企业的支持，因此本书借鉴翟胜宝（2014）的研究，以三年为一个区间测算企业的ROA波动率，滚动计算出企业的风险水平，并将其作为解释变量，考察其对企业信用议价能力的影响，如表7-12第（1）列所示，风险水平对信用议价能力的影响显著为负。

为了进一步探究企业风险水平的影响，本书将企业按照连锁董事特征（结构洞和中心度）进行分组，分组回归发现，如表7-12第（2）和第（3）列所示，结构洞特征小于均值的一组，企业的风险水平对企业的信用议价能力的影响不再显著，而结构洞特征大于均值的一组显著为负，即占据连锁董事网络结构洞位置较多的企业在高风险水平下更不容易获得商业信用融资。

同时，中心度特征的分组回归结果也显示，中心度数值较小的企业，风险水平与信用议价能力呈现显著的负相关关系。而中心度数值较大的企业，风险水平与信用议价能力之间的负向关系不再显著，即具有更多在外兼职董事的企业，其信用议价能力不受企业风险水平的影响。也就是说，连锁董事网络相当于提供了一个隐性的信用担保，抵消了风险水平对企业商业信用议价能力的负面影响。

表7-12　　风险水平、信用议价能力与连锁董事特征

	(1)	(2)	(3)	(4)	(5)	(6)
	整体	Hole 小于均值	Hole 大于均值	Deg 小于均值	Deg 大于均值	Bet 小于均值
Risk	-0.4997* (-1.9447)	-0.4446 (-1.5695)	-0.9549** (-2.2191)	-0.5762* (-1.8556)	-0.3414 (-0.5736)	-0.5750** (-2.2446)
控制变量	控制	控制	控制	控制	控制	控制
年度	控制	控制	控制	控制	控制	控制
行业	控制	控制	控制	控制	控制	控制
N	13120	7656	5464	7452	5668	9011
R^2	0.1163	0.1144	0.1465	0.1437	0.1002	0.1422

	(7)	(8)	(9)	(10)	(11)	
	Bet 大于均值	Clo 小于均值	Clo 大于均值	Wei 小于均值	Wei 大于均值	
Risk	0.2026 (0.3093)	-0.8056* (-1.6943)	-0.2241 (-0.7212)	-0.5501* (-1.7443)	-0.2611 (-0.4389)	
控制变量	控制	控制	控制	控制	控制	
年度	控制	控制	控制	控制	控制	
行业	控制	控制	控制	控制	控制	
N	4109	3632	9488	7457	5663	
R^2	0.0953	0.1679	0.1088	0.1496	0.1054	

注：括号内为t值，***、**与*分别表示1%、5%与10%的显著性水平。

7.7 本章小结

商业信用一直以来都是企业经营性融资的重要途径，在具有“人情”和“关系”社会特征的中国，企业间的人际关系网络在商业信用运作过程中作用明显。由于无法获得完备的供应网络数据，本章利用2003~2016年中国制造业上市公司的商业信用与企业绩效数据探究了信用议价能力对双维企业绩效（总资产报酬率和可持续增长率）的影响。研究发现，信用议价能力与总资产报酬率、可持续增长率均呈现倒“U”型关系。但是非国有企业的信用议价能力与企业总资产报酬率之间的倒“U”型不显著，而在市场环境较好的地区信用议价能力与总资产报酬率之间也无显著关联。连锁董事网络结构特征显著调节了这一倒“U”型关系，连锁董事网络特征中，结构洞对信用议价能力与企业长期绩效之间的关系具有正向调节作用；加权中心度和中介中心度则对信用议价能力与企业长、短期绩效之间的关系有反向调节作用。进一步研究发现，高风险水平抑制了企业的信用议价能力，连锁董事网络具有隐性担保作用，弱化了风险水平的影响。本书的研究表明，虽然信用议价能力在一定程度上优化了企业绩效，但我国企业仍应该审慎运用商业信用，宜优化连锁董事网络，以提高非正式制度的担保与监督作用。

第 8 章　主要结论与政策建议

8.1　主要结论

企业是经济社会运行的微观基础，企业的高质量发展是我国经济高质量发展的必要条件，只有保证了企业的高质量发展才能保证经济的高质量发展，本书从网络嵌入视角，通过运用数据整理与资料分析相结合，实证分析与规范分析相结合的方法，考察了网络嵌入对企业高质量发展的影响，综合运用经济学分析方法与社会网络分析方法，研究企业网络嵌入这一“软科学”对制造业上市公司高质量发展的作用。将企业之间以连锁董事关系为代表的人际关系、以交叉持股关系为代表的利益关系以及以相互担保关系为代表的信用关系纳入统一的分析框架，从人、股、资金三个维度对制造业上市公司网络进行了较为全面的分析，以其为促进制造业企业完善发展模式和提高发展质量提供理论依据和现实指导。本书的主要结论有以下几点：

（1）在企业网络嵌入现状方面，通过对上市公司网络嵌入的整理与计算，本书发现公司间以连锁董事关系为代表的人际关系较为密集，分行业来看，制造业上市公司占比最高，计算机、通信和其他电子设备制造业这一细分行业内拥有连锁董事的公司最多，化学原料和化学制品制造业以及电气机械和器材制造业这两个细分行业次之；上市公司间的交叉持股网络关系呈现先上升后下降的趋势，公司间以交叉持股关系为代表的利益关系先是快速发展而后作出调整，仍是制造业上市公司交叉持股比例最高，计算机、通信和其他电子设备制造业占比最高，不同于连锁董事网络中的行业结构，交叉持股网络中医药制造业类上市公司的数量较多，排在第二位；上市公司间的担保网络关系较为明显的下降趋势，担保网络弊端逐渐被上市公司认识到，逐渐减少加入担保网络。

（2）连锁董事网络对于企业全要素生产率的提升具有显著促进作用，在连锁董事网络中占据中心位置的企业能够增强自身的资源配置能力，这对企业自身高质量发展具有重要意义。控股股东股权质押行为降低了上市公司的全要素生产率。而且控股股东对公司的影响力越强，这一现象越明显，即在具有“一股独大”现象的上市公司中，控股股东的话语权更大，其个人行为对公司行为的影响更为严重。连锁董事网络优势位置增加了上市公司的组织韧性，连锁董事作为一种社会资源能够提高制造业上市公司的组织韧性。因此，制造业上市公司可以通过合理构建其连锁董事关联，增强其自身抵御风险以及走出危机的能力。外部连锁董事网络对上市公司韧性具有更强的促进作用，在连锁董事网络中占据中心位置的企业具有更高的社会责任评级。当上市公司处于连锁董事网络的优势位置，上市公司能够通过连锁董事网络更好地连接到其他上市公司，也就能够获得其他上市公司社会网络承担的具体信息，以调整自身所承担的社会责任，也更容易察觉到其他上市公司在承担社会责任后所获得有利于公司长远发展的好处，从而更多地承担社会责任。

（3）在交叉持股网络中占据中心位置的企业具有更高的全要素生产率。当上市公司处于交叉持股网络桥梁位置时，企业的全要素生产率会有所提高。上市公司越偏离交叉持股网络结构洞位置，公司的资源配置表现越差。在交叉持股网络中，当被持股上市公司在交叉持股网络中处于相对中心的位置时，其受到了更多的负面影响，即上市公司自身出现问题时，其他持有该上市公司股票的公司可能会抛售其持有的股票以求自保，从而进一步恶化上市公司本身的财务状况，导致股票价格的连锁反应。在交叉持股网络中占据中心位置的制造业上市公司有更高的社会责任评级，从而承担了更多的社会责任。根据有向网络计算的点入度程度中心度和点出度程度中心度系数也显著为

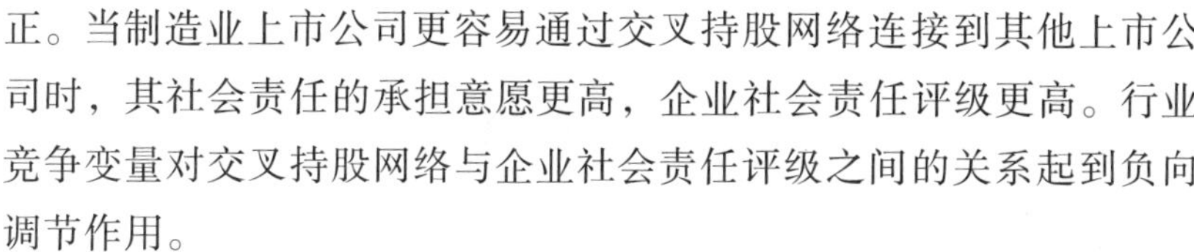

正。当制造业上市公司更容易通过交叉持股网络连接到其他上市公司时，其社会责任的承担意愿更高，企业社会责任评级更高。行业竞争变量对交叉持股网络与企业社会责任评级之间的关系起到负向调节作用。

（4）加入担保网络中的上市公司会有更低的全要素生产率，当制造业上市公司出于某些原因需要其他制造业上市公司提供担保时，其自身的资源配置效率也明显下降。当制造业上市公司是担保方时，为其他上市公司提供担保也会降低其资源配置效率。上市公司应该尽量避免与其他公司产生担保关系，以免影响自身合理的资源配置能力。企业创新投入是担保网络导致企业全要素生产率下降的中介变量。担保网络对企业组织韧性的影响不显著，出现这一情况的原因可能是因为担保网络本身是公司获得外部支持的一个结果，公司处在担保网络中成为被担保公司时，其自身的困境已经得到了有效的缓解，而提供担保的上市公司尽管可能存在或有风险，但提供担保的前提是该担保关系对其自身经营稳定性的影响不大，从而担保网络不会对组织韧性产生负面影响。

（5）商业信用一直以来都是企业经营性融资的重要途径，在具有“人情”和“关系”社会特征的中国，企业间的人际关系网络在商业信用运作过程中作用明显。由于无法获得完备的供应网络数据，本书利用中国制造业上市公司的商业信用与企业绩效数据探究了信用议价能力对双维企业绩效（总资产报酬率和可持续增长率）的影响。研究发现，信用议价能力与总资产报酬率、可持续增长率均呈现倒“U”型关系。但是非国有企业的信用议价能力与企业总资产报酬率之间的倒“U”型不显著，而在市场环境较好的地区信用议价能力与总资产报酬率之间也无显著关联。连锁董事网络结构特征显著调节了这一倒“U”型关系，在连锁董事网络特征中，结构洞对信用议价能力与企业长期绩效之间的关系具有正向调节作用；加权中心度和中介中心度则对信用议价能力与企业长、短期绩效之间的关系有反向调节作用。进一步研究发现，高风险水平抑制了企业的信用议价能力，连锁董事网络具有隐性担保作用，弱化了风险水平的影响。

8.2 对策建议

根据本书的主要结论，进一步提出网络嵌入视角下我国制造业转型升级，进一步提升发展质量的对策建议。

8.2.1 重视网络关系作用，提升资源配置能力

全要素生产率提高能够克服劳动力投入、资本深化带来的规模报酬递减等问题，是企业自身提高发展质量的有效途径，也是一个经济体提高整体发展质量的有效途径，企业应该重视自身连锁董事网络的搭建，在满足自身发展战略的同时，积极搭建能够带来资源与信息的连锁董事网络关系，尤其是建立良好的外部连锁董事网络。在聘请外部董事时，更应该考虑其社会资源获取能力。在连锁董事网络中占据中心位置的企业能够更好地进行资源协调，占据优势位置的企业面临更低的融资约束，而更低的融资约束意味着企业在资金配置方面更具能动性，能够更有效地配置资产，从而更具韧性。因此，连锁董事网络的优势位置缓解了公司的融资约束，进一步增加了公司的组织韧性，面临融资约束的公司可以考虑优化配置其连锁董事网络，增强其自身抗风险能力。

由于社会责任承担具有较强外部性，企业社会责任承担对内部董事的声誉影响较大，所以内部董事网络的影响更大。因此，上市公司在考虑构建连锁董事网络时，不仅要考虑外部连锁董事的构建，还应该从社会责任承担视角，积极调整内部连锁董事网络的结构，从而最大限度地发挥连锁董事网络的作用。另外，如果董事长存在政治背景，连锁董事网络对企业社会责任评级指数的影响减弱。因此，在董事长具有政治背景时，应该更多关注政治背景对企业社会责任评级带来的影响。

8.2.2　加强创新绩效管理，完善信息披露机制

企业创新投入是担保网络导致企业全要素生产率下降的中介变量。担保网络减弱上市公司创新投入的积极性，进一步减弱了企业的资源配置效率，因此在上市公司加入担保网络后，应该更加关注企业创新，而非减弱创新投入。可以通过建立创新绩效考核的方式，提升管理层参与创新的积极性，对能够提升创新能力、增加创新方式的行为予以奖励，对消极管理、不作为的行为予以惩戒，将创新管理作为一项重要的管理机制。

通过交叉持股网络，搭建上市公司之间的关联关系，也可以成为公司增强资源配置能力的一种方式。CEO 具有金融背景，对上市公司的交叉持股网络具有正向促进作用，具有金融背景的 CEO 更希望自己的公司能够处在交叉持股网络的中心位置。大股东掏空弱化了交叉持股网络的正向作用。上市公司应该审慎对待交叉持股网络，加强大股东行为监管机制。要考虑到交叉持股网络在优化公司资源配置的同时，还可能会带来的负面影响。要提高大股东采取“掏空行为”的法律和经济成本，加强上市公司 CEO 背景的采集和披露机制的建设，尽量完整地采集 CEO 背景相关信息，并建立可信的官方信息披露制度。

8.2.3　深化经济体制改革，适当干预网络构建

市场化水平的提高有利于企业网络嵌入关系发挥积极作用，当制造业上市公司所在的行业竞争程度小，公司所在的行业垄断程度较高时，交叉持股网络中心位置对企业社会责任评级的影响减弱。因此，适度限制行业的垄断行为，增强市场活力，促进市场中企业的有序竞争，有利于企业之间的交叉持股网络正向作用的发挥。深化经济体制改革应该巩固深化市场准入制度改革，加强反垄断和反不正当竞争，完善要素市场化配置体制机制。

由于网络的形成往往不是最优的，在形成网络时，人们没有把网络嵌入关系带来的影响都纳入行为决策中，企业网络嵌入关系存在帕累托改进，因此可以从网络视角去改善企业关系，例如，建立更优质的连锁董事网络，审慎建立交叉持股网络，减少担保网络的形成。而政府对地区企业网络的形成与影响有着不可低估的作用（任兵等，2011），通过适当干预企业网络的形成，培育建立良好的且能带来资源与信息的企业网络关系的文化。企业可以获得社会网络关系带来的好处，提升自身的发展质量，我国社会也会增强整体的经济实力，获得高质量的发展。但是连锁董事网络对董事自身对素质存在严格的要求，企业以及政府在任用董事时，应加强对董事自身素质的考察。由于交叉持股网络具有一定的危机传染效应，因此，应建立实时检测机制，以防危机过度传染，同时，担保网络也有一定的积极作用，在防止大规模担保圈形成的同时，应该鼓励有益的担保行为。

参考文献

[1] 曹廷求，刘海明．信用担保网络的负面效应：传导机制与制度诱因 [J]．金融研究，2016 (1).

[2] 陈昌兵．新时代我国经济高质量发展动力转换研究 [J]．上海经济研究，2018 (5).

[3] 陈道富．我国担保圈大数据分析的初步发现 [J]．中国发展观察，2015 (1).

[4] 陈维涛，严伟涛，庄尚文．进口贸易自由化、企业创新与全要素生产率 [J]．世界经济研究，2018 (8).

[5] 陈运森．独立董事网络中心度与公司信息披露质量 [J]．审计研究，2012 (5).

[6] 陈运森．社会网络与企业效率：基于结构洞位置的证据 [J]．会计研究，2015 (1).

[7] 陈正林．客户集中、行业竞争与商业信用 [J]．会计研究，2017，000 (11).

[8] 储一昀，王伟志．我国第一起交互持股案例引发的思考 [J]．管理世界，2001 (5).

[9] 崔学东．交叉持股的变化与日本公司治理改革 [J]．现代日本经济，2007 (2).

[10] 邓建平，陈爱华．高管金融背景与企业现金持有——基于产业政策视角的实证研究 [J]．经济与管理研究，2017 (3).

[11] 杜勇，谢瑾，陈建英．CEO 金融背景与实体企业金融化 [J]．中国工业经济，2019，374 (5).

[12] 杜勇，张欢，陈建英．CEO 海外经历与企业盈余管理 [J].

会计研究，2018（2）.

[13] 方明月．市场竞争、财务约束和商业信用——基于中国制造业企业的实证分析 [J]. 金融研究，2014，000（2）.

[14] 费孝通．乡土中国 [M]. 北京：北京大学出版社，1998.

[15] 冯根福，马亚军，姚树洁．中国上市公司担保行为的实证分析 [J]. 中国工业经济，2005（3）.

[16] 付佳．税收规避、商业信用融资和企业绩效 [J]. 山西财经大学学报，2017，39（2）.

[17] 韩洁，田高良，杨宁．连锁董事与并购目标选择：基于信息传递视角 [J]. 管理科学，2014，27（2）.

[18] 郝项超，梁琪．最终控制人股权质押损害公司价值么？[J]. 会计研究，2009（7）.

[19] 郝云宏，马帅．董事网络能够治理管理者过度自信吗？——基于企业非效率投资的视角 [J]. 现代财经（天津财经大学学报），2018，38（9）.

[20] 何威风，刘怡君，吴玉宇．大股东股权质押和企业风险承担研究 [J]. 中国软科学，2018（5）.

[21] 黄海昕，李玲，高翰．网络嵌入视角下连锁董事网络与战略创业行为——吸收能力的调节作用 [J]. 科学学与科学技术管理，2019，40（12）.

[22] 黄速建，肖红军，王欣．论国有企业高质量发展 [J]. 中国工业经济，2018（10）.

[23] 黄中伟，王宇露．位置嵌入、社会资本与海外子公司的东道国网络学习——基于123家跨国公司在华子公司的实证 [J]. 中国工业经济，2008（12）.

[24] 江伟，曾业勤．金融发展、产权性质与商业信用的信号传递作用 [J]. 金融研究，2013（6）.

[25] 焦勇．数字经济赋能制造业转型：从价值重塑到价值创造 [J]. 经济学家，2020（6）.

[26] 焦勇，杨蕙馨．政府干预、两化融合与产业结构变迁——

基于2003—2014年省际面板数据的分析［J］．经济管理，2017（6）．

［27］金碚．关于“高质量发展”的经济学研究［J］．中国工业经济，2018，361（4）．

［28］康淑娟，安立仁．网络嵌入、创新能力与知识权力——基于全球价值链的视角［J］．科学学与科学技术管理，2019，40（9）．

［29］李常青，幸伟，李茂良．控股股东股权质押与现金持有水平：“掏空”还是“规避控制权转移风险”［J］．财贸经济，2018，39（4）．

［30］李成友，刘安然，袁洛琪，康传坤．养老依赖、非农就业与中老年农户耕地租出——基于CHARLS三期面板数据分析［J］．中国软科学，2020（7）．

［31］李成友，孙涛，王硕．人口结构红利、财政支出偏向与中国城乡收入差距［J］．经济学动态，2021（1）．

［32］李国平，韦晓茜．企业社会责任内涵、度量与经济后果——基于国外企业社会责任理论的研究综述［J］．会计研究，2014（8）．

［33］李金凯．担保网络如何影响企业绩效——基于融资约束和利益输送双重视角的研究［J］．山西财经大学学报，2018，40（2）．

［34］李敏娜，王铁男．董事网络、高管薪酬激励与公司成长性［J］．中国软科学，2014（4）．

［35］李旎，郑国坚．市值管理动机下的控股股东股权质押融资与利益侵占［J］．会计研究，2015（5）．

［36］励莉，周芳玲．独立董事身份特征对公司绩效的影响研究［J］．经济问题，2019（6）．

［37］廖珂，崔宸瑜，谢德仁．控股股东股权质押与上市公司股利政策选择［J］．金融研究，2018，454（4）．

［38］刘冰，符正平，邱兵．冗余资源、企业网络位置与多元化战略［J］．管理学报，2011，8（12）．

［39］刘成立．对外担保、掏空与外部审计治理效应［J］．财贸研究，2010，21（3）．

[40] 刘海明，曹廷求. 信贷供给周期对企业投资效率的影响研究——兼论宏观经济不确定条件下的异质性 [J]. 金融研究，2017 (12).

[41] 刘海明，王哲伟，曹廷求. 担保网络传染效应的实证研究 [J]. 管理世界，2016 (4).

[42] 刘慧芬. 商业信用、市场地位与技术创新——来自制造业上市公司的证据 [J]. 经济问题，2017 (4).

[43] 刘慧凤，黄幸宇. 内部控制、市场地位与商业信用资金营运质量 [J]. 审计与经济研究，2017，32 (3).

[44] 刘慧龙，王成方，吴联生. 决策权配置、盈余管理与投资效率 [J]. 经济研究，2014 (8).

[45] 刘军. 社会网络分析导论 [M]. 北京：社会科学文献出版社，2004.

[46] 卢昌崇，陈仕华. 断裂连结重构：连锁董事及其组织功能 [J]. 管理世界，2009 (5).

[47] 陆正飞，杨德明. 商业信用：替代性融资，还是买方市场? [J]. 管理世界，2011 (4).

[48] 逯苗苗，孙涛. 连锁董事、信用议价能力与企业双维绩效——来自2003~2016年中国制造业上市公司的经验证据 [J]. 财经论丛，2019 (11).

[49] 逯苗苗，孙涛. 区域经济韧性及其影响因素研究新进展 [J]. 制度经济学研究，2018 (3).

[50] 罗党论，唐清泉. 政府控制、银企关系与企业担保行为研究——来自中国上市公司的经验证据 [J]. 金融研究，2007 (3).

[51] 罗黎平. 协同治理视角下的产业集群韧性提升研究 [J]. 求索，2018 (6).

[52] 马丽莎，王建琼，董大勇，钟勇. 交叉持股关系影响股价联动吗 [J]. 财贸经济，2014 (4).

[53] 马茹，张静，王宏伟. 科技人才促进中国经济高质量发展了吗? ——基于科技人才对全要素生产率增长效应的实证检验 [J].

经济与管理研究，2019，40（5）.

［54］马亚军，冯根福．上市公司担保行为分析［J］．证券市场导报，2005（5）.

［55］马源源，庄新田，李凌轩．基于上市公司交叉持股网络的区域发展政策成效［J］．系统管理学报，2011，20（6）.

［56］彭俞超，韩珣，李建军．经济政策不确定性与企业金融化［J］．中国工业经济，2018，358（1）.

［57］钱雪松，康瑾，唐英伦，曹夏平．产业政策、资本配置效率与企业全要素生产率——基于中国2009年十大产业振兴规划自然实验的经验研究［J］．中国工业经济，2018（8）.

［58］权小锋，吴世农，尹洪英．企业社会责任与股价崩盘风险："价值利器"或"自利工具"？［J］．经济研究，2015，50（11）.

［59］冉明东．论企业交叉持股的"双刃剑效应"——基于公司治理框架的案例研究［J］．会计研究，2011（5）.

［60］饶育蕾，彭叠峰，贾文静．交叉持股是否导致收益的可预测性？——基于有限注意的视角［J］．系统工程理论与实践，2013，33（7）.

［61］饶育蕾，张媛，彭叠峰．股权比例、过度担保与隐蔽掏空——来自我国上市公司对子公司担保的证据［J］．南开管理评论，2008（1）.

［62］任保平，文丰安．新时代中国高质量发展的判断标准、决定因素与实现途径［J］．改革，2018，290（4）.

［63］任兵，区玉辉，林自强．企业连锁董事在中国［J］．管理世界，2001（6）.

［64］任胜钢，郑晶晶，刘东华，陈晓红．排污权交易机制是否提高了企业全要素生产率——来自中国上市公司的证据［J］．中国工业经济，2019，374（5）.

［65］沙浩伟，曾勇．交叉持股、网络位置与公司绩效的实证研究［J］．管理科学，2014（1）.

［66］沙浩伟，曾勇．网络位置特征与企业投资效率——基于交

叉持股网络的视角［J］. 技术经济，2016，35（1）.

［67］沈红波，谢越，陈峥嵘. 企业的环境保护、社会责任及其市场效应——基于紫金矿业环境污染事件的案例研究［J］. 中国工业经济，2012（1）.

［68］盛丹，王永进. “企业间关系”是否会缓解企业的融资约束［J］. 世界经济，2014（10）.

［69］石晓军，李杰. 商业信用与银行借款的替代关系及其反周期性：1998～2006年［J］. 财经研究，2009，35（3）.

［70］石晓军，张顺明. 商业信用、融资约束及效率影响［J］. 经济研究，2010，45（1）.

［71］史金艳，杨健亨，李延喜，张启望. 牵一发而动全身：供应网络位置、经营风险与公司绩效［J］. 中国工业经济，2019（9）.

［72］宋鹏，田丽丽，李常洪. 交叉持股网络与企业风险承担［J］. 经济问题，2019（6）.

［73］孙浦阳，李飞跃，顾凌骏. 商业信用能否成为企业有效的融资渠道——基于投资视角的分析［J］. 经济学（季刊），2014，13（4）.

［74］孙晓华，刘小玲，王昀，白郁婷. “是否研发”与“投入多少”：兼论企业研发投资的两阶段决策［J］. 管理工程学报，2017，31（4）.

［75］唐松，王俊杰，马杨，孙铮. 可抵押资产、社会网络与商业信用［J］. 南开管理评论，2017，20（3）.

［76］唐跃军. 供应商、经销商议价能力与公司业绩——来自2005～2007年中国制造业上市公司的经验证据［J］. 中国工业经济，2009（10）.

［77］田高良，韩洁，李留闯. 连锁董事与并购绩效——来自中国A股上市公司的经验证据［J］. 南开管理评论，2013，16（6）.

［78］田志龙，刘昌华. 客户集中度、关键客户议价力与中小企业绩效——基于中小企业板制造业上市公司的实证研究［J］. 预测，2015（4）.

[79] 万良勇，魏明海．金融生态、利益输送与信贷资源配置效率——基于河北担保圈的案例研究［J］．管理世界，2009（5）．

[80] 王斌，宋春霞．大股东股权质押、股权性质与盈余管理方式［J］．华东经济管理，2015（8）．

[81] 王衪，徐尖，万剑．网络嵌入视角下的集团总部理论研究［J］．管理评论，2015，27（12）．

[82] 王福胜，王摄琰．CEO网络嵌入性与企业价值［J］．南开管理评论，2012，15（1）．

[83] 王核成，李鑫．企业网络嵌入性对创新绩效的影响——网络权力的中介作用及吸收能力的调节作用［J］．科技管理研究，2019，39（21）．

[84] 王洪盾，岳华，张旭．公司治理结构与公司绩效关系研究——基于企业全要素生产率的视角［J］．上海经济研究，2019，367（4）．

[85] 王立夏，李航．基于市场地位的商业信用对企业权益价值影响研究［J］．价格理论与实践，2017（10）．

[86] 王小鲁，樊纲，于静文．中国分省份市场化指数报告［M］．北京：社会科学文献出版社，2017.

[87] 王雄元，欧阳才越，史震阳．股权质押、控制权转移风险与税收规避［J］．经济研究，2018，53（1）．

[88] 王彦超．金融抑制与商业信用二次配置功能［J］．经济研究，2014，49（6）．

[89] 王营，曹廷求．董事网络增进企业债务融资的作用机理研究［J］．金融研究，2014（7）．

[90] 王营，张光利．董事网络和企业创新：引资与引智［J］．金融研究，2018（6）．

[91] 王永钦，米晋宏，袁志刚，周群力．担保网络如何影响信贷市场——来自中国的证据［J］．金融研究，2014（10）．

[92] 王勇，蔡娟．企业组织韧性量表发展及其信效度验证［J］．统计与决策，2019，35（5）．

[93] 王勇. 组织韧性的构念、测量及其影响因素 [J]. 首都经济贸易大学学报, 2016, 18 (4).

[94] 王勇. 组织韧性、战略能力与新创企业成长关系研究 [J]. 中国社会科学院研究生院学报, 2019 (1).

[95] 王竹泉, 孙兰兰. 市场势力、创新能力与最优商业信用供给 [J]. 山西财经大学学报, 2016, 38 (10).

[96] 王竹泉, 王贞洁, 李静. 经营风险与营运资金融资决策 [J]. 会计研究, 2017 (5).

[97] 沃特·德·诺伊, 安德烈·姆尔瓦, 弗拉迪米尔·巴塔盖尔吉著, 林枫译. 蜘蛛: 社会网络分析技术 [M]. 北京: 世界图书出版公司, 2012.

[98] 吴宝, 李正卫, 池仁勇. 社会资本、融资结网与企业间风险传染——浙江案例研究 [J]. 社会学研究, 2011 (3).

[99] 吴超, 施建军. 绩效下滑、董事网络与企业风险承担 [J]. 经济与管理研究, 2018 (7).

[100] 谢德仁, 陈运森. 董事网络: 定义、特征和计量 [J]. 会计研究, 2012 (3).

[101] 谢德仁, 廖珂. 控股股东股权质押与上市公司真实盈余管理 [J]. 会计研究, 2018, 370 (8).

[102] 谢德仁, 郑登津, 崔宸瑜. 控股股东股权质押是潜在的"地雷"吗? ——基于股价崩盘风险视角的研究 [J]. 管理世界, 2016 (5).

[103] 许晖, 许守任, 王睿智. 网络嵌入、组织学习与资源承诺的协同演进——基于3家外贸企业转型的案例研究 [J]. 管理世界, 2013 (10).

[104] 杨震宁, 李东红, 范黎波. 身陷"盘丝洞": 社会网络关系嵌入过度影响了创业过程吗? [J]. 管理世界, 2013 (12).

[105] 尹志超, 甘犁. 信息不对称、企业异质性与信贷风险 [J]. 经济研究, 2011 (9).

[106] 尹筑嘉, 曾浩, 毛晨旭. 董事网络缓解融资约束的机制:

信息效应与治理效应［J］. 财贸经济，2018，39（11）.

［107］游家兴，刘淳. 嵌入性视角下的企业家社会资本与权益资本成本——来自我国民营上市公司的经验证据［J］. 中国工业经济，2011（6）.

［108］余海宗，何娜，黄冲. 企业间关系的社会资本租借效应——来自信用担保网络与融资约束的经验证据［J］. 财经科学，2020（1）.

［109］余明桂，潘红波. 金融发展、商业信用与产品市场竞争［J］. 管理世界，2010（8）.

［110］余泳泽，容开建，苏丹妮，等. 中国城市全球价值链嵌入程度与全要素生产率——来自230个地级市的经验研究［J］. 中国软科学，2019，341（5）.

［111］翟胜宝，张胜，谢露，郑洁. 银行关联与企业风险——基于我国上市公司的经验证据［J］. 管理世界，2014（4）.

［112］张存刚，李明，陆德梅. 社会网络分析——一种重要的社会学研究方法［J］. 甘肃社会科学，2004（2）.

［113］张丹宁，唐晓华. 网络组织视角下产业集群社会责任建设研究［J］. 中国工业经济，2012（3）.

［114］张杰，刘元春，翟福昕，芦哲. 银行歧视、商业信用与企业发展［J］. 世界经济，2013，36（9）.

［115］张俊瑞，刘彬，程子健，汪方军. 上市公司对外担保与持续经营不确定性审计意见关系研究——来自沪深主板市场A股的经验证据［J］. 审计研究，2014（1）.

［116］张良，马永强. 商业信用能提升企业绩效吗？——基于非效率投资中介效应与组织冗余调节效应的实证［J］. 投资研究，2016，35（2）.

［117］张瑞君，徐鑫，王超恩. 大股东股权质押与企业创新［J］. 审计与经济研究，2017（4）.

［118］张祥建，徐晋，徐龙炳. 高管精英治理模式能够提升企业绩效吗？——基于社会连带关系调节效应的研究［J］. 经济研究，2015，50（3）.

[119] 张龑，程六兵，王竹泉．担保网络、经济周期与企业风险承担——基于我国上市公司的经验证据 [J]. 山西财经大学学报，2019，41 (12).

[120] 章琳一．高管晋升锦标赛激励与企业社会责任：来自上市公司的证据 [J]. 当代财经，2019 (10).

[121] 赵翠．我国上市公司交叉持股的现状分析及启示 [J]. 河北经贸大学学报，2012，33 (1).

[122] 赵炎，郑向杰．网络嵌入性与地域根植性对联盟企业创新绩效的影响——对中国高科技上市公司的实证分析 [J]. 科研管理，2013，34 (11).

[123] 郑国坚，林东杰，林斌．大股东股权质押、占款与企业价值 [J]. 管理科学学报，2014，17 (9).

[124] 钟军委，张祥建，钱有飞．连锁董事网络、社会资本与企业投资效率——来自 A 股上市公司的经验证据 [J]. 产业经济研究，2017 (4).

[125] 周飞舟．行动伦理与"关系社会"——社会学中国化的路径 [J]. 社会学研究，2018，33 (1).

[126] 周建国．关系强度、关系信任还是关系认同——关于中国人人际交往的一种解释 [J]. 社会科学研究，2010 (1).

[127] 周建，任尚华，金媛媛，李小青．董事会资本对企业 R&D 支出的影响研究——基于中国沪深两市高科技上市公司的经验证据 [J]. 研究与发展管理，2012，24 (1).

[128] 周瑜胜，宋光辉．公司控制权配置、行业竞争与研发投资强度 [J]. 科研管理，2016，37 (12).

[129] 周中胜，罗正英，段姝．网络嵌入、信息共享与中小企业信贷融资 [J]. 中国软科学，2015 (5).

[130] Acemoglu D, Ozdaglar A E, Tahbazsalehi A. Systemic Risk & Stability in Financial Networks [J]. American Economic Review, 2013, 105 (2).

[131] Ahern K R, Harford J. The Importance of Industry Links in

Merger Waves [J]. Journal of Finance, 2014, 69 (2).

[132] Allen F, Qian J, Qian M . Law, finance, and economic growth in China [J]. Journal of Financial Economics, 2005, 77 (1).

[133] Allen J W, Phillips G M. Corporate Equity Ownership, Strategic Alliances, & Product Market Relationships [J]. The Journal of Finance, 2000, 55 (6).

[134] Allen M P, Burt R S. Corporate Profits & Cooptation: Networks of Market Holes & Directorate Ties in the American Economy [J]. Social Forces, 1985, 64 (2).

[135] Ambrus A, Mobius M, Szeidl A . Consumption Risk-sharing in Social Networks [J]. Economics Working Papers, 2007, 104 (1).

[136] Andersson U, Mats F, Ulf H. The Strategic Impact of External Networks: Subsidiary Performance & Competence Development in the Multinational Corporation [J]. Strategic Management Journal, 2002, 23 (11).

[137] Ang J S, Constand R, Mathur I. The Port Folio Behavior of Japanese Corporations's Table Shareholders [J]. Journal of Multinational Financial Management, 2002, 12 (2).

[138] Arnott R, Stiglitz J E. Moral Hazard & Nonmarket Institutions: Dysfunctional Crowding Out of Peer Monitoring [J]. American Economic Review, 1991, 81 (1).

[139] Barnea A, Guedj I . Director Networks [J]. Social Science Electronic Publishing, 2009.

[140] Bellamy M A, Ghosh S, Hora M. The Influence of Supply Network Structure on Firm Innovation [J]. Journal of Operations Management, 2014, 32 (6).

[141] Besanko D, Thakor A V. Collateral & Rationing: Sorting Equilibria in Monopolistic & Competitive Credit Markets [J]. International Economic Review, 1987, 28 (3).

[142] Besley T, Coate S. Group Lending, Repayment Incentives &

Social Collateral [J]. Journal of Development Economics, 1995, 46 (1).

[143] Bhagat S, Welch I. Corporate Research & Development Investments International Comparisons [J]. Journal of Accounting & Economics, 1995, 19 (23).

[144] Blundell R, Bond S. Initial Conditions & Moment Restrictions in Dynamic Paneldata Models [J]. Journal of Econometrics, 1998, 87.

[145] Boschma R. Towards an Evolutionary Perspective on Regional Resilience [J]. Regional Studies, 2015, 49 (5).

[146] Brennan N M, Merkl - Davies D M, Beelitz A. Dialogism in Corporate Social Responsibility Communications: Conceptualizing Verbal Interaction ween Organizations & Their Audiences [J]. Journal of Business Ethics, 2013, 115 (4).

[147] Brooks C, Chen Z, Zeng Y. Institutional Cross-ownership & Corporate Strategy: The Case of Mergers & Acquisitions [J]. Journal of Corporate Finance, 2018, 48.

[148] Buliga O, Scheiner C W, Voigt K I. Business Model Innovation & Organizational Resilience: Towards an Integrated Conceptual Framework [J]. Journal of Business Economics, 2015, 86 (6).

[149] Burt, R. S. Structural Holes The Social Structure of Competition [M]. Harvard University Press, Cambridge, 1992.

[150] Cai Ye, Dhaliwal, Dan S, Kim Y, Carrie P. Board Interlocks & the Diffusion of Disclosure Policy [J]. Review of Accounting Studies, 2014, 19 (3).

[151] Campbell J L. Why Would Corporations Behave in Socially Responsible Ways: An Institutional Theory of Corporate Social Responsibility [J]. The Academy of Management Review, 2007, 32 (3).

[152] Campello M, Giambona E, Graham J R, et al. Access to Liquidity and Corporate Investment in Europe during the Financial Crisis [J]. Review of Finance, 2010, 300 (1).

[153] Christopherson S, Michieand J, Tyler P. Regional Resili-

ence: Theoretical & Empirical Perspectives [J]. Cambridge Journal of Regions, Economy & Society, 2010, 3 (1).

[154] Chuluun T, Prevost A, Puthenpurackal J. Board Ties & the Cost of Corporate Debt [J]. Financial Management, 2014, 43 (3).

[155] Claessens S, Djankov S, Fan J P H, et al. Disentangling the Incentive and Entrenchment Effects of Large Shareholdings [J]. The Journal of Finance, 2002, 57 (6).

[156] Clayton M J, Jorgensen B N. Optimal Cross Holding with Externalities & Strategic Interactions [J]. Journal of Business, 2005, 78 (4).

[157] Dastkhan H, Gharneh N S. Simulation of Contagion in the Stock Markets Using Cross-shareholding Networks: A Case from an Emerging Market [J]. Computational Economics, 2019, 53.

[158] Davoudi S, Elizabeth B, Abid M. Evolutionary Resilience & Strategies for Climate Adaptation [J]. Planning Practice & Research, 2013, 28 (3).

[159] Dietzenbacher E, Smid B, Bjørn V. Horizontal Integration in the Dutch Financial Sector [J]. International Journal of Industrial Organization, 2000, 18 (8).

[160] Dietzenbacher E, Temurshoev U. Ownership Relations in the Presence of Cross-shareholding [J]. Journal of Economics, 2008, 95 (3).

[161] Dong M C, Liu Z, Yu Y, Zheng J H. Opportunism in Distribution Networks: The Role of Network Embeddedness and Dependence [J]. Production and Operations Management, 2015, 24 (10).

[162] Eisenbeis R A, Mccall A S. The Impact of Legislation Prohibiting Director-inter Locks Among Depository Financial Institutions [J]. Journal of Banking & Finance, 1978, 2 (4).

[163] Engelberg J, Gao P, Parsons C A. The Price of a CEO's Rolodex [J]. Review of Financial Studies, 2013, 26 (1).

[164] Engelberg J, Pengjie G, Christopher A. The Price of a CEO's Rolodex [J]. Review of Financial Studies, 2013, 26 (1).

[165] Evenhuis E. New Directions in Researching Regional Economic Resilience & Adaptation [J]. Geography Compass, 2017, 11 (2).

[166] Fabbri D, Klapper L . Market Power and the Matching of Trade Credit Terms [J]. Policy Research Working Paper Series, 2008, 52.

[167] Fabbri D, Menichini A M C . Trade Credit, Collateral Liquidation and Borrowing Constraints [J]. CSEF Working Papers, 2010, 96 (3).

[168] Falk M. Quantile Estimates of the Impact of R&D Intensity on Firm Performance [J]. Small Business Economics, 2012, 39 (1).

[169] Fama E F, Jensen, M C. Separation of Ownership & Control [J]. Journal of Law & Economics, 1983, 26 (2).

[170] Ferris S, Jagannathan M, Pritchard A C. Too Busy to Mind The Business: Monitoring by Directors with Multiple Board Appointments [J]. Journal of Finance, 2003, 58 (3).

[171] Fich E M, Shivdasani A. Are Busy Boards Effective Monitors [J]. Journal of Finance, 2006, 61 (2).

[172] Fingleton B, Garretsen H, Martin R. Recessionary Shocks & Regional Employment: Evidence on the Resilience of U. K. Regions [J]. Journal of Regional Science, 2012, 52 (1).

[173] Fisman R, Love I . Trade Credit, Financial Intermediary Development and Industry Growth [J]. Journal of Finance, 2003, 58 (1).

[174] Fisman R . Trade Credit & Productive Efficiency in Developing Countries [J]. World Development, 2001, 29 (2).

[175] Flath D. The Keiretsu Puzzle [J]. Journal of the Japanese & International Economies, 1996, 10 (2).

[176] Fracassi C, Tate G . External Networking and Internal Firm

Governance [J]. Journal of Finance, 2012, 67 (1).

[177] Francesco B, Mario P. Innovation & Demand in Industry Dynamics: R&D, New Products & Profits [M]. Springer Berlin Heidelberg, 2013.

[178] Freeman L C . Centrality in Social Networks' Conceptual Clarification [J]. Social Networks, 1979, 1 (3).

[179] Gilbert D U, Rasche A. Opportunities & Problems of Standardized Ethics Initiatives: A Stakeholder Theory Perspectives [J]. Journal of Business Ethics, 2008, 82 (3).

[180] Gilson R J, Roe M J. Understanding the Japanese Keiretsu: Overlaps between Corporate Governance & Industrial Organization [J]. The Yale Law Journal, 1993, 102 (4).

[181] Gittell J H, Cameron K, Lim S. Relationships, Layoffs & Organizational Resilience: Airline Industry Responses to September 11 [J]. General Information, 2006, 42 (3).

[182] Granovetter M S. Economic Action & Social Structure: The Problem of Embeddedness [J]. American Journal of Sociology, 1985, 91 (3).

[183] Granovetter M S. The Strength of Weak Ties [J]. American Journal of Sociology, 1973, 78 (6).

[184] Grossman S J, Hart O D . One Share or One Vote and the Market for Corporate Control [J]. Journal of Financial Economics, 1988, 20.

[185] Gulati R. Network Location & Learning: The Influence of Network Resources & Firm Capabilities on Alliance Formation [J]. Strategic Management Journal, 1999, 20 (5).

[186] Haunschild P R. Inter Organization a Limitation: The Impact of Interlocks on Corporate Acquisition Activity [J]. Administrative Science Quarterly, 1993, 38 (4).

[187] Holling C S. Resilience & Stability of Ecological Systems [J].

Annual Review of Ecology & Systematics, 1973, 4 (4).

[188] Horton J, Millo Y, Serafeim G. Resources or Power: Implications of Social Networks on Compensation & Firm Performance [J]. Journal of Business Finance & Accounting, 2012, 39 (3-4).

[189] Huan L, Zheng G, Li D. Do Big Customers Influence Listed Firms' Performance? Based on Supplier-customer Relationships in China [J]. China Journal of Accounting Studies, 2017, 5 (3).

[190] Hyndman K, Serio G . Competition and Inter-firm Credit: Theory and Evidence from Firm-level Data in Indonesia [J]. Journal of Development Economics, 2010, 93 (1).

[191] Irvine P. Customer-base Concentration, Profitability and the Relationship Life Cycle [J]. The Accounting Review, 2015, 91 (3).

[192] Jackson M O . Networks in the Understanding of Economic Behaviors [J]. Social Science Electronic Publishing, 2014, 28 (4).

[193] Jackson M O. The Human Network: You're your Social Position Determines Your Power, Beliefs, & Behaviors [J]. Pantheon Books, 2019.

[194] Jensen M C, Meckling W H . Theory of the firm: Managerial behavior, agency costs and ownership structure [J]. Journal of Financial Economics, 1976, 3 (4).

[195] Jiang G, Lee C, Yue H. Tunneling through Intercorporate Loans: The China Experience [J] . Journal of Financial Economics, 2010, 98 (1).

[196] Jiang L, Kim J B. Cross-corporate Ownership, Information Asymmetry & the Usefulness of Accounting Performance Measures in Japan [J]. The International Journal of Accounting, 2000, 35 (1).

[197] Jian M, Xu M. Determinants of the Guarantee Circles: The Case of Chinese Listed Firms [J]. Pacific-basin Finance Journal, 2012, 20.

[198] Jia N, Shi J, Wang Y. Coinsurance With in Business

Groups: Evidence from Related Party Transactions in an Emerging Market [J]. Management Science, 2013, 59 (10).

[199] Johnson S, Porta R L, Shleifer A. Tunneling [J]. American Economic Review, 2000, 90 (2).

[200] Kaplan S N, Zingales L. Do Investment-cash Flow Sensitivities Provide Useful Measures of Financing Constraints? [J]. Quarterly Journal of Economics, 1997 (1).

[201] Keister L A. Engineering Growth: Business Group Structure & Firm Performance in China's Transition Economy1 [J]. American Journal of Sociology, 1998, 104 (2).

[202] Kilduff M, Tsai W. Social Networks & Organizations [M]. London: SAGE Publications Ltd, 2003.

[203] Kim D . Understanding Supplier Structural Embeddedness: Asocial Network Perspective [J]. Journal of Operations Management, 2014, 32 (5).

[204] Kiyotaki N, Moore J. Credit Chains [J]. Journal of Political Economy, 1997, 105.

[205] Klein B, Crawford R G, Alchian A A. Vertical Integration, Appropriable Rents, & the Competitive Contracting Process [J]. The Journal of Law & Economics, 1978, 21 (2).

[206] Konan C, Hung-Kun C, Shing-Yang H, et al. Share pledges and margin call pressure [J]. Journal of Corporate Finance, 2018, 52.

[207] Larcker D F, So E C, Wang C C Y . Boardroom Centrality and Stock Returns [J]. Research Papers, 2010.

[208] Larcker D F, Wang C. Boardroom Centrality & Firm Performance [J]. Journal of Accounting & Economics, 2013, 55 (2-3).

[209] Lee T S, Yeh Y H . Corporate Governance and Financial Distress: evidence from Taiwan [J]. Corporate Governance An International Review, 2004, 12 (3).

[210] Lemmon M L, Lins K V . Ownership Structure, Corporate

Governance, and Firm Value: Evidence from the East Asian Financial Crisis [J]. The Journal of Finance, 2003, 58 (4).

[211] Levinsohn J, Petrin A . Estimating Production Functions Using Inputs to Control for Unobservables [J]. Review of Economic Studies, 2003, 70 (2).

[212] Li H, Yan Z. The Role of Man A G Er's Political Networking & Functional Experience in New Venture Performance: Evidence from China's Transition Economy [J]. Strategic Management Journal, 2007, 28 (8).

[213] Li H, Zhang Y. The Role of Managers' Political Networking & Functional Experience in New Venture Performance: Evidence from China's Transition Economy [J]. Strategic Management Journal, 2007, 28 (8).

[214] Lv W, Wei Y, Li X, Lin L. What Dimension of CSR Matters to Organizational Resilience: Evidence from China [J]. Sustainability, 2019, 11 (6).

[215] Martin R, Peter S. Regional Employment Evolutions in the European Union: A Preliminary Analysis [J]. Regional Studies, 2000, 34 (7).

[216] Martin R. Regional Economic Resilience, Hysteresis & Recessionary Shocks [J]. Journal of Economic Geography, 2012, 12 (12).

[217] Matvos G, Ostrovsky M. Cross-ownership, Returns & Voting in Mergers [J]. Journal of Financial Economics, 2008, 89 (3).

[218] McWilliams A, Siegel D. Corporate Social Responsibility & Financial Performance: Correlation or Misspecification [J]. Strategic Management Journal, 2000, 21 (5).

[219] McWilliams A, Siegel D. Creating & Capturing Value: Strategic Corporate Social Responsibility, Resource-based Theory, & Sustainable Competitive Advant A G E [J]. Journal of Management, 2010, 37 (5).

[220] Menkhoff L, Neuberger D, Rungruxsirivorn O. Collateral & Its Substitutes in Emerging Markets' Lending [J]. Journal of Banking &

Finance, 2012, 36 (3).

[221] Merton R C, Bodie Z. On the Management of Financial Guarantees [J]. Financial Management, Financial Management Association, 1992, 21 (4).

[222] Meyer A D. Adapting to Environmental Jolts [J]. Administrative Science Quarterly, 1982, 27 (4).

[223] Mizruchi M, Stearns L. A Longitudinal Study of the Formation of Interlocking Directorates [J]. Administrative Science Quarterly, 1994, 33 (2).

[224] Mizruchi M S. What Do Interlocks Do? An Analysis, Critique, & Assessment of Research on Interlocking Directorates [J]. Annual Review of Sociology, 1996, 22.

[225] Morck R, Masao N. Banks & Corporate Control in Japan [J]. Journal of Finance, 1999, 54 (1).

[226] Natalia O, Bansal P. The Long-term Benefits of Organizational Resilience Through Sustainable Business Practices [J]. Strategic Management Journal, 2015, 37 (8).

[227] Nyberg S. Reciprocal Shareholding & Take Over Deterrence [J]. International Journal of Industrial Organization, 1995, 13 (3).

[228] Olley G S, Pakes A. The Dynamics of Productivity in the Telecommunications Equipment Industry [J]. Econometrica, 1996, 64 (6).

[229] Osano H. Intercorporate Shareholdings & Corporate Control in the Japanese Firm [J]. Journal of Banking & Finance, 1996, 20 (6).

[230] Patatoukas P N. Customer-base Concentration: Implications for Firm Performance and Capital Markets [J]. Accounting Review, 2011, 87 (2).

[231] Petersen M A. Estimating Standard Errors in Finance Panel Data Sets: Comparing Approaches [J]. The Review of Financial studies, 2009, 22 (1).

[232] Petersen M A, Rajan R G. Trade Credit: Theories and Evi-

dence [J]. Review of Financial Studies, 1997 (3).

[233] Pfeffer J, Salancik G R. The External Control of Organizations: A Resource Dependence Perspective [J]. Social Science Electronic Publishing, 2003, 23 (2).

[234] Pike A, Stuart D, John T. Resilience, Adaptation & Adapt Ability [J]. Cambridge Journal of Regions Economy & Society, 2010, 3 (1).

[235] Ramseyer J M. Convergence & Persistence in Corporate Governance: Cross-shareholding in the Japanese Keiretsu [M]. Cambridge University Press, 2004.

[236] Reagans R, Mcevily B, Ray R, Bill M. Network Structure & Knowledge Transfer: The Effects of Cohesion & Range [J]. Administrative Science Quarterly, 2003, 48 (2).

[237] Reggiani A, Thomas De G, Peter N. Resilience: An Evolutionary Approach to Spatial Economic Systems [J]. Networks & Spatial Economics, 2002, 2 (2).

[238] Richardson S . Over-investment of free cash flow [J]. Review of Accounting Studies, 2006, 11 (2-3).

[239] Rose A. Defining & Measuring Economic Resilience to Disasters [J]. Disaster Prevention & Management Volume, 2004, 13 (4).

[240] Schonlau R J, Singh P V . The Wealth of Networks: Board Networks and Merger Performance [J]. Ssrn Electronic Journal, 2008.

[241] Schoorman F D, Bazerman M H, Atkin R S. Interlocking Directorates: A Strategy for Reducing Environmental Uncertainty [J]. Academy of Management Review, 1981, 6 (2).

[242] Sheard P. Interlocking Shareholdings & Corporate Governance: The Sources of Competitive Strength [M]. London: Oxford University Press, 1994.

[243] Shen X, Lin B, Wu W. R&D Efforts, Total Factor Productivity, & the Energy Intensity in China [J]. Emerging Markets Finance &

Trade, 2019.

[244] Simmie J, Martin R. The Economic Resilience of Regions: Towards an Evolutionary Approach [J]. Cambridge Journal of Regions, Economy & Society, 2010, 3 (1).

[245] Singh P V, Schonlau R J. Board Networks & Merger Performance [J]. Social Science Electronic Publishing, 2009.

[246] Sinha R. Company Cross-holdings & Investment Analysis [J]. Financial Analysts Journal, 1998, 54 (5).

[247] Staw B M, Sandelands L E, Dutton J E. Threat-rigidity Effects in Organizational Behavior: A Multilevel Analysis [J]. Administrative Science Quarterly, 1981, 26 (4).

[248] Summers B, Summers B, Wilson N . An Empirical Investigation of Trade Credit Use: A Note [J]. International Journal of the Economics of Business, 2010, 9 (2).

[249] Tsai W. Knowledge Transfer in Intraorganizational Networks: Effects of Network Position & Absorptive Capacity on Business Unit Innovation & Performance [J]. The Academy of Management Journal, 2001, 44 (5).

[250] Van Horen N . Trade Credit as a Competitiveness Tool: Evidence from Developing Countries [J]. MPRA Paper, 2004.

[251] Wasserman S, Faust K. Social Network Analysis: Methods & Applications [J]. New York: Cambridge University Press, 1994.

[252] Werner G, Nikiforakis N, Normann H T. Vertical Cross-shareholding: Theory & Experimental Evidence [J]. International Journal of Industrial Organization, 2007, 25 (1).

[253] Williamson O E. Transaction-cost Economics: The Governance of Contractual Relations [J]. Journal of Law & Economics, 1979, 22 (2).

[254] Wink R, Laura K, Florian K, Daniel S. There are Many Roads to Reindustrialization & Resilience: Place-based Approaches in

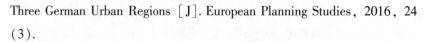

Three German Urban Regions [J]. European Planning Studies, 2016, 24 (3).

[255] Ye C, Merih S. Board Connections & M&A Transactions [J]. Journal of Financial Economics, 2011, 103 (2).

[256] Zaheer A, Bell G G. Benefiting from Network Position: Firm Capabilities, Structural Holes, & Performance [J]. Strategic Management Journal, 2005, 26 (9).

[257] Zaheer A, Soda G. Network Evolution: The Origins of Structural Holes [J]. Entrepreneurship Research Journal, 2009, 54 (1).